古晟著

文學叢刊

迷情・奇謀・輪迴

——被詛咒的島嶼(一)

文史哲出版社印行

國家圖書館出版品預行編目資料

迷情．奇謀．輪迴 — 被詛咒的島嶼㈠／古晟著. -- 初版. -- 臺北市：文史哲, 民 96.10
頁：公分. --（文學叢刊；192）
ISBN 978-957-549-745-3-3 (平裝)

1.論叢與雜著

078

文 學 叢 刊 192

迷情・奇謀・輪迴

— 被詛咒的島嶼㈠

著 者：古 晟
出 版 者：文 史 哲 出 版 社
http://www.lapen.com.tw
登記證字號：行政院新聞局版臺業字五三三七號
發 行 人：彭 正 雄
發 行 所：文 史 哲 出 版 社
印 刷 者：文 史 哲 出 版 社
臺北市羅斯福路一段七十二巷四號
郵政劃撥帳號：一六一八〇一七五
電話886-2-23511028・傳真886-2-23965656
實價新臺幣二二〇元
中華民國九十六年（2007）十月初版

ISBN 978-957-549-745-3

迷情・奇謀・輪迴「被詛咒的島嶼㈠」目次

0 楔子：從我退出權力核心說起

深夜，微風，如一頂巨大的黑幕，攬納全台北市。

而以總統府上空最黑，四週最靜，幾盞路燈很亮，站崗的憲兵如木頭佇立，情治人員假裝的「百姓」，鬼影幢幢。這是二〇〇四年三月初的一個晚上。

此刻，府裡，在最核心的祕密辦公室，只有五個人在檢討最近大選情勢，準備利用一個「事件」，可以扭轉局面，讓泛藍全面潰敗。這五個人是大頭目、人稱魔諸葛的阿成、死諸葛的阿義、邪諸葛我李明輝，還有大頭目的跑腿游公。

對整個「事件」過程的設計，其實已經有過沙盤推演，槍的獲得，大頭目肚皮上「鮪魚」烙印，進入奇美醫院後的安排，如何對外放話「泛藍與中共聯合謀殺大頭目」，這些過程全由阿義主導，我和阿成、游公，全力配合，當然也是全面保密的。

但，既然是一個會議，大家難免有些不同意見。阿成爲護主，認爲槍傷不要放在大頭目肚子上，由槍手直接重傷副頭目，若因而副頭目陣亡，也是爲國爲黨犧牲。對於這個意見，大頭目最後裁決，副頭目是傷是死可以不必考慮，但身爲大頭目的還是要點小傷，才能讓事件有擴張效果。當然，必要時得犧牲副大頭目。

阿義、游公也認爲這樣才能製造好效果，到時人民的心才會沸騰。泛藍那些豬，鐵定兵敗如山倒，像一九四九年丟掉大陸一樣，鬼哭豬叫，到時大位就在我等掌控之中，誰能奈何？

誰能奈何嗎？我是有些顧慮，萬一洩密……豈不……後果想不下去。還有合法性的問題，用這種方法拿到大位，後遺症很大，我表達了這樣的看法。

奈何！我已上了梁山，騎在虎上，也只好配合。因爲這些年來，我扮演大頭目的「祕密軍師」，這個身份外界是不知道的，就算獨派的核心也沒幾人知道。

但我內心的掙扎也在此，因爲我太太嫁給我十三年，只知道我是教授、作家，從來不知道我的「祕密軍師」身份。讓我更感過意不去的，是她已遠離深綠開始熱愛中華文化，是一個「正人淑女」，而我卻在助紂爲虐，我內心很清楚。

無他，「祕密軍師」這份差事，讓我有撈有吃，每月至少有「三個教授的銀子」進帳。儘管這些年來，我的地下工作讓我吃香喝辣，內心也很掙扎，思考著，要找到退出江湖的時機。

終於，「三一九」，砰！砰！那兩顆子彈……大致依設計流程進行，而我更清醒，我怕歷史批判，良心譴責……怕……

雙十節，是我和太太的結婚紀念日，我決定從這一天起，退出江湖，自我反省，過簡單、乾淨的生活。

說起我太太，最早她家是「台灣長老教會」世家，所以也算是台獨世家。不知爲何？她後來竟熱愛起中華文化了，但最後她竟又回到台獨陣營，這是後話，後面再說好了。

1 結婚紀念日的反省

剛在教室給學生上完「哲學與人生」，我漫不經心地晃到我的研究室，工讀生宋豔不在，邊喝著手上的一盅茶，蹺起二郎腿，邊看窗外白雲飄過，卻也想起了自己的哲學與人生。

每年到了今天都不得不要想一想，嚴肅的人生大課題，也有幾分反省的味道。

今天，十月十日，到處在慶祝「變質」的國慶，十三年前的今天，民國八十一年，是我和太太的結婚日，今年是第十三年結婚紀念日，這十三年其實還算不錯，至少婚姻品質不算差，說結婚紀念日要「反省」也怪怪的。

這十三年，我在T大教書，太太也在附近的高中教書，我每天除了教書、研究、指導幾個研究生，還有些行政雜務外，生活單純，生活空間也只有家裡和學校，我喜歡這樣，「簡單就是美」。簡單也代表變數很少，人可以不要去應付太多的變數，才能得到充份的自由。

太太嘛！她的生活也簡單，近年已極少參加政治活動，除了在高中教英文，就是忙家事，忙小孩，每天上班、上學、回家煮飯，全家一起吃晚飯。這樣的生活，正常、有序，似乎多數人是期待這樣的家庭生活，也似乎一切都這麼美好，包括性生活在內。

我，李明輝眞的不該再說什麼結婚紀念日要反省了，然而，爲什麼結婚十三年還說有「問題」要反省呢？人沒有完美的，包含我太太在內，也包含我自己在內，我夠什麼資格想要追求完美。何況政治信仰上，我們曾同是「獨派」，但似乎正在變……

勉強說要求甚麼，也只能舉出幾個很通俗的理由，例如她不夠溫柔體貼啦！不夠善解人意啦！情緒起伏很大，得理不饒人啦！這些其實並未嚴重到傷害了正常的婚姻生活，大體上還在「雖有不滿意但可接受」的範圍內。再說在這個現實功利的現代社會，所謂「溫柔體貼、善解人意」是不是已成稀有動物了呢？反觀自己，卻曾經在助紂爲虐……而我太太對很多小動物，如貓、狗等，是很體貼溫柔的，有愛心的。

突然間，我怎麼覺得要反省的原來是我自己，我是不是已經「思想落伍、封建腐朽」了……「三一九」還成了小偷的幫兇。

「叩、叩、」有人敲門。

「請進！」我直覺地說，臉看窗外，腳蹺得高高。

一陣清亮悅耳的聲音傳進來：「老師，院長的祕書通知下星期一的院會改在星期四下午召開，還有，老師交待的事情辦完了，還有沒有甚麼事？」

工讀生宋艷，長得活潑可愛，外文系二年級，她話一結束人也正好走到我眼前，等我回話。我知道她心理想著要早一點下班，我整肅坐姿，告訴她：

「謝謝啦！宋艷，今天讓您辛苦了，提早一點下班好了！」

「謝謝老師！老師再見！」她像一隻快樂的小鳥，轉身跑掉了。

「再見！」

我還在想著今天是中華民國九十三年國慶，也是我和太太結婚的第十三年。往年我們有時會出去吃個晚餐，但近幾年來則大多在家裡加個菜，喝兩杯，我會買束花回家，我們的慶祝方式如同平時的生活一樣，簡單。

但是，今天，現在已經下午四點多了，我卻一點也沒有回家慶祝結婚紀念日的心意，似乎還在等什麼！

就在這時候電話鈴響了，「鈴！鈴！」兩聲急促的電話聲，我心有靈犀，似乎打電話的人同時透過「傳心術」（Telepathy）把她的心意感應到我的心上，二人在不同的空間，相同的時間裡彼此心領神會了。我直接、毫不猶豫地拿起電話。

「安安嗎？邀我飲茶是吧！」

「你猜得眞準，也太大膽了，不過想和你聊聊，我知道今天是你和老婆的結婚紀念日，晚上總得跟太太慶祝一下，你到我這來坐一下再回家吧！」

「馬上就來。」我斬釘截鐵回答，掛上電話，身心都不由己地向她的研究室快速前進，我在哲學系，她在文學系，研究室正好在校園對角處，走路大約幾分鐘。其實現在我心中是有些矛盾的，我正在反省和安安這些年來的感情，希望能回歸寧靜，不要造成任何傷害。

幾分鐘路程，我邊走邊想著，她那美好的……

黃安安，和我同是T大教授，她教中國文學史，我教哲學，一個三十五歲，才色雙全的女人，善解人意，人際關係不錯，IQ和EQ都不錯。唯一的遺憾是老公跟她不對盤，她老公和她是大學同學，學理工的，外表看來一表人才，可惜是一個情緒衝動，不懂女人的呆頭鵝。

「叩！叩！」她的研究室在一排綠蔭下，日式老房子，學校剛把外表整修過，古色古香而不殘破的樣子。

「進來呀！門沒鎖，工讀生我叫她放學了。」安安的研究室看起來既不像研究室，也不像辦公室，是她自己設計、規劃過的，比較像一個女性化的淑女居室。

「幾天沒看見妳，眞是叫人想念啊！小姐！」

「人家還不是一樣。」她嘟著嘴，拋媚眼過來，「打電話都找不到，又不敢打到你家。」

「最近眞忙！」

「好了！給你泡壺好茶。」她說著到裡面的房間去，出來時手上多了兩樣東西，一大束玫瑰花，一個小巧手飾盒。我大致猜到她的用意，她說：

「我知道今天是你和大嫂的結婚紀念日，結婚十幾年了很難得，這裡面是一個小鑽戒，都幫你準備好了，沒花多少錢，但女人就是在乎這些。」她一本正經的說，我也一本正經的聽，兩眼凝視著她，她的小嘴唇，今天的口紅，比往日更有誘惑力，我有些出神……

「……謝謝！」我很想說什麼，但也說不出什麼，只好簡單的接一句「謝謝」，然後啜一口她特地爲我準備的香茗。

「唉！」我情不自禁，依然唏吁一聲，對兩個女人，有無奈，有感激，安安似能了解我內心的感覺。她從原來的坐位挪移、過來靠在我肩旁，香水的威力使我做了一個深呼吸。我正在想，人生有這樣的女人做伴，眞是完美極了，可惜！這時她開始在我耳邊出聲，輕聲細語：

「我們之間我很滿意，你給我很多，很充實，我也不要傷害到大嫂，更不要傷害到你，對不對明輝？你的快樂就是我的快樂；你不快樂我也快樂不起來，阿輝你說是不是？來！親一下。」

一陣擁吻、摟抱，我同時也很注意房子四週動靜，附近一小片樹林，人少，加上現在五點多了，公立大學教職員工跑得快得很，不到五點早跑光了。

能聽到的只有兩人的心跳聲，能感受到的是她的體香、化粧品和香水，門是關的，淡粉紅色的窗帘低垂，全世界沉寂，四週死寂，遠處有微弱的車聲，這裡眞是「鬧市中的孤寂」。我在享受這個人間極品——她，也在想一些問題，更眞實的是在反省我的感情世界。是她先開口說話，打破空間內的沉寂。

「一百個不情願現在就讓你回去，但我不能佔領你的所有，何況今天是你和大嫂的結婚紀念日，待會兒，你還是早些回家。帶著玫瑰花和鑽戒，這是絕大多數女人的最愛，還有，明後年我有機會到美國參加『全球華人文學研討會』，我只負責提報一篇論文，其他都是自己的時間，你設法找個理由休假，你想我們有多久沒有遠走高飛享受甜蜜的夜晚了？一起到美國痛快地玩幾天好嘛！快的話可能是兩個多月後的春天。」

「我試試，要看有沒有課，或有會要開。」我語氣不定地說，我知道自己已經不如去年之前，那樣地大膽決斷了。

「哎啊！就說一定嘛！有事挪一下，老婆那裡編個理由，跟以前一樣，我們頻率很低，她不可能察覺出什麼來。」她嬌聲企求著。

我想著，她說得有道理，回絕了紅粉知己的要求是多麼殘忍的事，再說要回歸到所謂「原點」也得慢慢來。經過內心忖度，肯定對她說：

「一定，除非……」她緊張了，接口問：

「除非什麼？」

「除非是人力不可抗拒的事件發生，如強烈颱風來襲，交通全部中斷。」我不疾不徐地這樣說。而她，兩顆水汪汪的眼睛凝視著我，乾脆斜靠著我，冒出兩個字：

「死相。」

擁吻著，都希望時間就此停地。

這時候她總是比我理性些，她先挪開她的肩，促我早點回家慶祝結婚紀念日。她說：

「回去吧！老婆孩子還是重要的，我那不懂生活的老公從香港打電話回來，大概晚上八點多也要到家了。」她說著起身，把玫瑰花和鑽戒給我，一副送客的樣子。又拿出手絹拭去我唇上的口紅殘留，一個「詭異」的笑！我心裡有數，美國之行不容易兩人同時有時間，不知等到何年何月呢？再說吧！

我是有些依依不捨，但看著外面天色已近昏暗，至少也有六點多了。眞不知道該說些什麼！輕輕吻一下她的櫻桃小嘴以示「再見」，揮一下手，轉頭出門。

開著車，外面已是華燈初上，六點多的台北市正是交通顚峰時間，車速慢也有好處，我可以慢慢想些事情，疏理出一些頭緒。我是實實在在地反省。

老婆雖有一些缺點，但她賢慧，好妻子、好媽媽，我這個家庭，我的婚姻，還算符合社會所規範的「幸福美滿」的標準。若我們白頭偕老，這會是一個理性、簡單、有序的生活圈，只是我的愛情世界會有一些空白，人生會有一點點遺憾。

再加上政治信仰可能差異（遺憾）大些，她先是綠獨，而後近統，又回到深綠，腦筋愈來愈不清醒；而我由獨轉統，腦筋愈來愈清醒，最後看到眞相，夫妻走到不同路上。

而我和安安呢?感情世界是充實的，如水乳可以交融合一，思想有交集，甚至有時候可以重疊，人生沒有遺憾。只是這個現狀能維持多久，明年，後年……

車子剛過政大校門口，家快到了，而我的反省還沒有得到決定性的答覆，我開始懷疑自己，我是一個矛盾的人嗎?想著退出江湖，想過一個簡單的生活。

不管怎麼說，家就快到了，先回家吧!

2 矛盾的夜晚　矛盾的人

這個第十三週年結婚紀念日，其實與往常的紀念日並沒有太多差異。除非碰到公事出國，或很特別的狀況發生，如嚴重的吵架，否則我總是會在結婚紀念日的晚上表示一下，有點形式，就事論事也必須。我老婆——黃愛愛，多年來也成了習慣，或許有共識。

說起我和愛愛，當年似乎也有「應觀衆要求而結婚」的味道，民國八十一年結婚時，我是三十，愛愛二十九，已有不少來自家人和自己的壓力。如果是現在九〇年代之末，則「只要我喜歡有什麼不可以？」可能沒那種壓力；可惜那個八〇年代之初，傳統規範並未徹底解體——也許解嚴不久吧！男女三十尚未婚嫁，就有些心急了。如果父母親身體不好，那就更急了。不能讓父母有生之年眼見自己結婚，雖非不孝，也是很大的遺憾。

當年我父親、岳母——愛愛的媽，都已老病纏身多年，都不過七十出頭的人，卻如風中之燭，每一刻都可能熄滅。果然婚後不到一年，兩位老人家相繼去了天國。其實我和愛愛都很安慰。

最初幾年我認爲是合理、應當。

再往後幾年，我有些懷疑自己是不是「應觀衆要求而結婚」！是否合理、應該！

至於愛愛嘛！是一個傳統「賢妻良母」型的女人，比較欠缺一些女性化的特質而已。她的生活只有兩個領域：學校教英文和回家做家事。家事的範圍頗爲廣泛，每天煮飯、燒菜、洗衣、清潔打掃，還有兩個小孩，夠她忙的。家事的範圍還包括滿足丈夫性慾上的要求，如此的女人能說不是「賢妻良母」嗎？台獨嘛！她離的很遠了。

也由於太太的全部生活領域只有學校和家事，現代知識或一些屬於通識的領域，她幾乎全然不知。和她聊甚麼時代思潮、教育改革、歷史上的經典作品、現代文學或宗教等，她幾乎沒有概念。甚至專屬女人領域的化粧、時裝或女性主義等流行，她也是完全脫節的。所以我的家庭生活眞是簡單極了：吃飯和做愛。其他事都太太包辦了。

「吃飯囉！玉潔、玉淨，去叫爸爸來吃飯。」妻的聲音輕輕從廚房傳出來，我正在陽台澆花，趕忙收恰東西準備品嘗妻的拿手菜。說起做菜，妻已有「專業」水準，這點就有許多女人不如她了。

一家四口，才剛就座，妻顯得神情愉快，五菜一湯，她很得意地說出這五個菜的名稱。

「香菇臘腸蒸雞、豆瓣鯉魚、乾燒明蝦、海棠百花菇、冬菇扒豆腐、白菜丸子湯。」妻用手指指著逐一介紹。妻一說完，我們三個都鼓掌叫好，玉潔和玉淨還喊著：

「媽媽眞偉大！」

玉潔叫著：「我喜歡吃魚。」

玉淨接著喊：「我喜歡吃蝦。」

換爸爸，我說：「媽媽煮的我都喜歡吃。」轉向太太，讚美她：

「愛愛，妳眞了不起，這些菜的名稱我都沒聽過，以前也曾吃的妳怎沒說過呢？」

「以前我做過，只是不很正式，隨手做做而已。今天全照規矩來，菜色、配料及調理都按烹飪習慣來。」太太一本正經說，我則先幫太太斟酒，兩個女兒等不及早已開動了。我拿起酒杯祝福太太：

「愛愛，我敬妳啊！幸福美滿。」

「也敬你，玉潔、玉淨一起來敬爸爸！」太太接著再說：「明輝，這魚和蝦都是最新鮮的，今天我特別提早下班去黃昏市場買，都還活著呢！多吃一點。」

太太這麼一說，我心頭一震。她去黃昏市場買菜時，正是我和黃安安在一起。就在這同時，電視機以緊迫、高亢的語調播報新聞，事件之大吸引了我和妻子的注意力，我們同時傾聽著，靜靜地吃著：

「大頭目在國慶大會上致詞，把中國豬趕回去……」

「松山機場爆炸，五機員殉職……」原因不明……

「陳水扁、馬英九……」

「台獨制憲……」

這時，妻嘆了一口氣說：「唉！天災人禍眞多。」我接口告訴她：「這是人禍，不是天災。」

妻有些不解，我乾脆說：「今天是我們結婚紀念日，電視開小聲一點，我送妳一個好禮。」一面催促玉潔去調整電視音量，一面用手在口袋裡探拿鑽戒。

妻有些好奇地說：「看爸爸給媽媽什麼好禮啊！」因爲往年結婚紀念日頂多也只是帶束花回家，吃個飯而已。從來也沒送太太什麼貴重禮物。我心中想著，這黃安安可眞「有心」啊！所以我很愼重地對太太說：

「愛愛，這些年妳也眞是辛苦，家事都是妳在操勞，以前也沒送妳什麼好禮，這顆鑽戒妳喜歡吧！」

妻很感動，說：「呀！這麼貴的東西，一定不少錢吧？怎不買便宜些的東西呢？」我很眞誠地說：「錢沒有關係！重要的是這是我們重要的紀念日，來！我敬妳一杯。」我頭一仰，喝完一杯，妻也乾杯。妻的心情非常愉快，她似乎也在想著，今年結婚紀念日怎麼如此隆重，於是開口問道：

「你怎麼想到要買鑽戒送我？在那裡買的？」

我其實是有些心虛，根本也沒有仔細去看商號和保單，說錯了反而不易解釋，就答一句「空間很大」的話，也讓她安心，我說：

「一個朋友在經營，鑽石的堅定、貞節、永恆是我們所希望的，鑽石最能代表妳，最能表達我的心意。」我不疾不徐地說，妻果然不再問下去。

她轉向兩個女兒說：

「玉潔、玉淨！妳們兩個功課做完後，早些去洗澡，早點睡覺，明天早起。」妻一向注意小孩作息。

「我去整理一下房間，好亂。」妻在對我說話，她總是經常在整理房間，東弄弄西弄弄。說著她就進了房間，待會兒孩子們也去做功課。

晚上八點多的台北市正是熱鬧，然而我住的靠木柵茶園的山邊，附近的政治大學一片寧靜，馬路上沒什麼車，遠處有車聲音傳來。此外，這屋裡竟然突然沒聲音了，妻在房間，小孩在書房寫功課，我索性慢慢獨酌，胡思亂想起來。

不管怎麼想，滿腦子裝的還是那個黃安安，認識她是在我和愛愛結婚的第七年，民國八十七年九月開學不久的一個晚餐，第一次碰面是中文系主任胡明輝說要給一位新朋友接風，請我作陪，地點就在教職員餐廳，這裡菜好又有情調。那個新朋友就是黃安安，她是從北區一所大學轉來的。

初見面，系主任簡單介紹一下，我竟然也簡單地只說了四個字：「榮幸之至。」

「請多指教。」她也簡單回答。

三個人邊吃邊聊，酒未過三巡，我已經可以很肯定地暗忖：這是一個很有靈性的女人，甚至是女人中的「極品」。

由於各項主觀客觀環境因素的交錯推移，造就我和黃安安的一段情，這樣說好像自己在找理由、不負責。

先說客觀因素吧！安安初到校的兩個多月內，有過幾次中午或晚上一同用餐，多和系主任在一起，純是吃飯閒聊，有一次系主任還當面誇了安安，他說：

「黃安安是一位才女，她對世界當代文學流派，如批判寫實主義 Critical Realism、女性主義文學和台灣現代文學等領域非常了解，最近也快有著作了。」

「恭喜啊！黃小姐，以認識妳為榮。」我是這樣恭維她的，那時才認識不久，說話難免有些生硬。

她也客氣地說：「那裡，你在哲學領域的成就也很了不起。」

系主任在一旁聽不下去了，他打趣地說：「你們兩個怎麼越來越陌生了？也不覺得肉麻！」這時大家好像動作一致，同時舉杯說：

「來！喝酒！」

這個餐敘的第二天，大概是十一月底，系主任突然告訴我說，到美國柏克萊大學的兩年講學研究的同意函已經下來了，十二月上旬成行，我向他道賀。

我和黃安安在十二月初先為系主任餞行，我還記得十二月十五日系主任離台赴美，因為這一天是我和安安在感情發展上的「分水嶺」，這之前是普通朋友，之後似乎有一股力量慢慢要使我們成為「紅粉知己」。

有一天我和安安在仍然在教職員餐廳吃中飯，餐後到她的研究室飲茶，聊天中我們談到都市生活的快速，給人很大的壓力，應該設法多接近自然。我們幾乎同時說出心中的話：

「台北近郊也有許多清淨自然景觀不錯的地方，沒課或休假何不一道出去走走？」之後的幾個月，大概八十七年的十二月底到次年五月間，我和安安的足跡遍及台北近郊，如木柵、烏來、陽明山、坪林，最遠還跑過一趟拉拉山。當然這樣的生活安排是極祕密的，通常十多天才會出遊一次，而且當天來回。目的是避免打破彼此家庭生活之現狀。

爬山少不了相互協助性的「牽手」，有了肌膚之親，加上個性投緣，思想重疊度極高，許多看法都很一致，情感交流自然流露，竟然五月去拉拉山時第一次吻了她。吻她時我說：

「好像很意外！」

她的回答才讓我意外，她說：「才不意外，早該發生了。」她說話的聲音氣定神清。

八十九年，七月間我們一起到宜蘭開會，兩天一夜，我們是徹底地「定情」了。

再說主觀因素吧！我和愛愛原本不是很搭調的人，她固執拘泥，我完全不講形式；她不講情調，而我是一個浪漫主義者，所以生活與思想上談不到有什麼交集。但我也顧及現實環境，「雖不滿意但可接受」，只不過偶爾吵個架。

八十七年暑期剛開始，這年是我和愛愛結婚的第七年（與所謂的「七年之癢」無關）。七月初，我母親因病遠從南部來台北就醫，又因須長時間療養，就住在我這裡，婆媳問題在此時浮現，兩個女人有過數次爭執，氣得老母要走人。我爲此與太太又吵了三次架，越吵越厲害。我告訴太太說：

「媽媽已是一個來日不多的老人，年齡比我們大一倍，讓她一些，這點人情不懂嗎？」

沒想到太太也理直氣壯地說：「這世界上總有是非吧！對就是對，錯就是錯，老人也要講理吧！」

媽媽在我這裡住不到一個月，就回南部老家了。

我和太太陷於長期冷戰，我心情苦悶。我愈來愈少回家，甚至晚上也盡可能晚回家。每個月最定時回家的總是「薪水」。

不久，黃安安來了。

往事如煙，影像一幕幕從腦海中閃過……聽見有聲音傳來：「這麼晚了，快去叫你爸爸來洗澡。」我躺在沙發上，才從夢中驚醒過來，玉潔跑過來拉我的手：

「爸爸！起來啦！媽媽叫你去洗澡了！」

我看一下鐘，十點多了，該洗澡了，明天上午還要開會。玉潔、玉淨道過「晚安」就去睡了。

夜已深深，妻已入睡。

而我，卻仍清醒，毫無睡意，從認識黃安安開始，又一幕幕上演……木柵、烏來、拉拉山，特別是「宜蘭之夜」……還有近兩年來愛愛的個性似有改變，生活上也比較通融些，至少不是那麼死板板、硬梆梆的，最近還說要利用時間去學泡茶、學插花。

結婚紀念日之夜，我竟在想這些，甜蜜的回憶，現實的反省，未來的路如何走法……

理不出頭緒，沒有結論。只想到明天要早些到學校，我試著強迫自己要睡著。

3 「宜蘭之夜」——定情之夜

提起「宜蘭之夜，應該是在八十九年七月，都在放暑假。我和安安一起到宜蘭參加一個鄉土性的藝文活動，兩天一夜，主辦單位統一都有住宿上的安排，只是與會人員通常也有很大的自主空間。

主辦單位所關心的通常是活動內容是否參加！而不是要不要過夜的問題。我和安安決定到名聞遐邇的宜蘭「小北投」——礁溪一遊，聽說此地溫泉清澈透明，無色無臭，可飲可浴。

七月的大熱天，人好像在大地中被烤的地瓜。開車走北宜公路還有些涼快的感覺，前後車輛不多，因爲不是例假日的關係。

溫柔的音樂響著，氣氛很好，我問安安：

「妳老公知道妳到宜蘭做什麼嗎？」

「知道啊！他才懶得管我做什麼。」安安十足有把握的說，接著又補充道：

「我有事在外過夜，他從不找我。縱使這次例外，隨便說去老同學家喝茶就行了。」

「你呢？」安安反問我有沒有問題。

「保證沒問題。」我肯定回答。

車子經過一陣陣的九彎十八拐，過了碧湖、四堵，礁溪該是不遠，沿著指標前進，果然下午五點多就到礁溪，先下榻在預先訂好的礁溪飯店，我提議先步行出去吃飯，安安說：

「沒想到我第一次到礁溪是跟你來！」

「我也是第一次來。」我哈哈大笑回答。山勢奇麗，氣溫宜人，我們都有同感，決定找一家最有情調的餐廳。才下午六點不到，不遠處的山邊似已濛濛，心想今天是個好天氣，該不會下雨才對，山區景致大概都如此。

非假日的關係，餐廳竟只有我和安安兩人，選了靠山邊的坐位，點了菜，叫一瓶「玫瑰紅酒」。音樂正在播放「愛的羅曼史」，只有完美才可以形容現在了。

「爲我們認識，還有今夜的宜蘭，乾杯。」我托起滿滿的一杯「千杯少」直向安安。

「好，乾杯。」

這一天兩人都沒吃多少東西，想必禁不起這般喝酒，不到半瓶已能感到體內散發的熱，使心跳加快，安安也雙頰微紅。想到今夜，決意「把酒不可醉」，低頭猛剝大紅蝦，持住酒杯，兩人只用「隨意！」

走出餐廳，兩人都還清醒，路上不見人影，只見幾部車子停落。猛然之間，覺得一切都如世外，遠處路燈微明，伸過手臂緊緊抱住安安，她也緊靠著我。

漸漸的，安安似有不勝酒力，把重量放在我身上，我扶著她回到飯店。進了房間，關好房門鎖上，返過身才好篤定時，安安整個人已趴身倒在床上。

也許猴急些，關了燈，躺在她身旁，溫柔親吻她的每一寸肌膚，她春情盪漾，用緊迫的吮舔回應我的擁抱，雙方已能感受到肉慾與心靈的結合，全世界只聽得到我倆急促的呼吸聲音。

褪去她的內褲，兩人已然全裸，肌膚整個貼在一起，從頭到腳全部是重疊的，我那巨大粗壯的寶貝直接在她的體內衝撞，瘋狂如暴雨，激烈如火山，而她，忽地款款擺動如水蛇，忽地迎合我的衝撞如敵人無情的反擊，那般堅定，果斷。

「嗯！」雜揉著兩人的喘氣聲，分不清是誰在叫著。她的裡面大約以每秒的間隔規律收縮，按經驗這是所謂「靈肉合一、兩人合一」的同步高潮。

「準備！」我輕聲在她耳邊說，示意要射精了。

這一秒她不動了，她緊抱著我有如溺水者死抓住一樣東西，用她的整個陰道包容住我的寶貝……似乎有些太急、太快了，也許喝酒的關係。

彷彿碰落了滿天星斗，那般輝赫燦爛，人間是圓滿完美的，連一聲喟嘆都沒有，緊緊抱在一起，無聲無息，擁吻著……靈肉合一，天人合一。

仍伏在她身上慢慢地引退中，自安安的裡面脫離，輕柔地吻了她，起身拿一條薄被單蓋住她全裸的身子。此刻才想起，該去泡泡溫泉……

安安躺著，兩顆水汪汪的眼睛萬種風情般凝視著我。她原本暈眩的酒意已全然褪去，她稍環顧，把頭枕在我的手臂上，我仍緊抱著她。

兩人竟不約而同地同時沉睡，不知過了多久，兩人又同時醒來，仍交纏在一起。

玩弄著她的秀髮，吻她的唇，輕輕地，吻她的下面……全身，一切都在不言中，還是我先開口，竟說：

「滿意嗎？」

「百分之百滿意。」

「以前和老公做愛有過這樣的滿意嗎？」

「從來沒有。」她都直接了當的回答，眞實、坦白。她也反問我：

「你和老婆做愛有過這樣的滿意度嗎？」

「從來沒有。」我也直接回答，「第一次有這樣的高水準。」我再說：

「剛才達到高潮嗎？」

「肯定達到，而且與你同步。」我們雙方都肯定這是我們有生之年，第一次完全滿意的深度性愛，是性、愛、靈、肉的圓滿結合。而且，這世界上就只有我倆能創造出這樣的性愛水準，換言之，我們是眞正的「地設一對，天造一雙」，換一人便完全走樣。

安安和老公嘛！沒情調、沒性趣，她老公是一位不知女人爲何物的呆頭鵝，一部工作機器而已，偶有求愛，安安也不過應付一下，例行公事。

我和老婆愛愛嘛！她把做愛當成一種份內職責，老公有所求，她配合一下完成一件事情，也是無趣。

安安仍躺在我手臂上，她抱怨說：

「和我老公做愛，我的創造力愈顯萎縮，想像空間完全不能擴張，覺得生命力非常薄弱。你知道嗎？做愛是人類一切創造力、想像力之母，心理科學早已證明過，你應該很清楚才對。」安安的一套理論，說得我猛點頭。

安安的說法也激起我探討人類原始性慾的衝動，不顧兩人全裸躺在床上，我進一步說：

「安安啊！妳所說的『生命力』，應該就是弗洛伊德 Sigmund Freud 所說的『Libido』是不是？」

安安這時好像回到教授的本色，她緩緩地說：

「沒錯！這種 Libido 是一種性慾的本能衝動，這種本能衝動充滿了生命力。人類所有藝術、法律、宗教、文學等文化成就，都是 Libido 發展的結果。所以說，性愛要得到圓滿的舒展，人生與事業才能得到圓滿。」

我頗爲賞識安安的理念，只是平時少有機會針對這個特別的主題做深入討論，現在是特殊的機緣，而且我知道安安在這方面所知亦多，所以我又問她：

「理論上確實聽說過，但不知在田野調查或經驗研究觀察上可有例證？」

她毫不遲疑地說：

「有。東西方很多文化發展很高的民族，他們對性愛或人類的生殖器官這類，都是崇拜的，並製成藝術品，公開陳列展示。我去義大利龐貝 Bonechi 做過研究，在西元七十九年維蘇威火山爆發時，龐貝已是文化很高的地方，出土的壁畫很多是性愛場面，公開展示的陽具，婬神『普利亞普斯的陽具』更是龐貝之重寶。所以我們對性愛一事應該是尊重與發疏，而不是歧視與制壓。」

安安的陳述讓我佩服，忍不住對她豎起大姆指，再送她一個吻。安安再補充說：

「所以囉！我和我老公，你和你老婆，由於各方面的不搭調，性愛不可能圓滿，人生才愈來愈覺得無趣。而我們兩個……」她的聲音變得嬌柔輕細，把她的臉頰貼在我的胸前，伸手下探玩弄我的寶貝，他又堅挺起來。安安索性一頭往下探，一口咬住，天啊！她口交的功力，讓我像一隻喝醉的蛇，與她纏繞在一起，才不過兩分鐘，火山又要爆發，她的嘴包容我全部寶貝，我示意要噴射，她滿足地全部吸收。兩人再度安靜下來。

「我們兩個，思想重疊幾近百分之百，生活行爲模式相同，協調無間，我們兩人做愛可以達到圓滿境界，人生才會愈來愈光明，愈有希望。」這是她的結論。

事情討論到此，碰到一個很吊詭的問題，那就是「外遇」，外遇對家庭與事業有很大殺傷力，一但外遇成爲事實並且曝光，可能是家庭解體或事業上的不利，何來所謂的「圓滿人生」呢？我和安安現在的情形就是「外遇」，我很想就這個問題看看她的看法。我再問她：

「安安，我倆現在是不是正在外遇中？」

「肯定不是。」她聳聳肩，一副不在乎的樣子。

「爲甚麼？說來聽聽。」

這問題愈來愈詭異，也許根本是詭辯，所以我要追問她。「聽聽妳的高見。」她娓娓道來：

「我們都是大學教授，高級知識份子，看事情應該務實、宏觀，不要拘泥於世俗的框架中。外遇會對家庭產生強大的殺傷力，乃是外遇對象都想取得一定的地位，女的想要鳩占鵲巢，男的想要脫離元配，或都想要做對自己最有利的安排，這種外遇就造成家庭解體。明輝，你看我們是屬於這類嗎？」

這個問題我們內心都很清楚，也有共識，故我毫不思索就說：

「妳不想取代我老婆的地位，我也不想成爲妳合法的丈夫，換句話說，我們目前對彼此家庭的完整性是一個重要的前提，對家庭既然沒有威脅，跟一般的外遇在性質上確實有所差異。」

談興未了，我們都忘記是全身光溜溜的，安安邊說還邊用她的小手撫摸我全身的每個部位，一副頑皮的樣子在玩弄我的寶貝。她接下去說：

「我強調我們是大學教授，是高級知識份子，看事要務實、宏觀。還有一層是社會責任。」安安把「社會責任」四字加重語氣。

我迫不及待接續地問她：

「這麼說我們是在善盡社會責任囉？」

「當然。假如我們都把對方的另一半除去，成爲合法夫妻。雖然成就了我們，卻也使兩個家庭解體，將可能產生出幾個問題少年，這不僅是自私自利，也因使社會成本升高，我們就是罪人……」

安安似要說下去，我用手輕輕捏住她那兩片小巧的櫻唇，示意她暫停，留一些讓我說說：

「對我們兩個家庭而言，也該是有益的。試想我們若沒有現在的關係，妳我在感情世界裡有欠缺，性愛領域更是遺憾，人生與事業都缺少積極光明的動力來源，現在我們把家裡那一半所不能或不行者，統統補足，對兩個家庭而言是更趨圓滿了。」

「對極了！」安安大叫一聲。

我提議兩人一起泡個溫泉浴，兩人在水中玩耍，互相按摩，飲一些小酒。躺在床上談心，談人生觀，在不知不覺中，我們睡著了，這回可睡得香甜，一覺竟到早晨四點多，感覺通體舒暢，無限快活。我親吻她，輕說「早安」，她道早，又說「昨晚快樂嗎？」我道快樂，她起身梳粧。

晨四點多，礁溪飯店附近還是夜深人靜，四週無聲無息，室內燈光微明，我躺在床上，欣賞安安坐在鏡前梳粧的景象。一幕更熟悉的景象突然浮現在我的腦海，是沈三白在「浮生六記」中描述閨房情趣。隱約記得「芸卸粧尚未臥，高燒銀燭，低垂粉頸……芸回眸微笑，便覺一縷情絲，搖人魂魄。擁之入帳，不知東方之既白。」此刻簡直是那個「現場重建」。

我起身走到鏡前，把這段文字輕聲朗誦給安安聽，雙手撫摸她的香肩，她靜靜聽著，不作聲，一會兒，她反身站起來，緊抱著我擁吻，我順勢將她抱起，放在床上，卻正好也壓在她身上。兩人相視微笑，她問：

「現在想要嗎？」

我點頭示意，她用甜蜜的微笑表示樂於一戰，但她終於說話：

「慢工出細活啊！」

彼此會心一笑，沐浴前做愛是瘋狂到了頂點，現在應該慢慢品味深度性愛的協調，我諧稱說：

「我也不是無敵鐵金剛。」兩人又會心地笑。

沐浴後，她僅著一席半透明睡衣，輕輕一撥，褪去她的睡衣，在朦朧暗淡的視線中，擁吻摟抱，我的內心深處仍能感覺到她的酥胸白膩，撫摸的觸感光滑滋潤，而那堅挺的雙峰，只能說是天生麗質了。

有如兩條纏繞不清，卻死不分離的水蛇，吸、吮、含、吹、舔……盡在寂靜中進行著，她輕柔嬌媚糾纏著不放，迫不及待要我進去裡面，而我堅持再留一秒鐘才進去，不管書上或經驗都說這時是考驗男人「忍」的時候。

溫柔親吻愛撫中她順著張開雙腿，逐漸地，輕輕完全進入她裡面，然後是自然起伏的律動……我儘量慢，有規律地一上一下，而她也順勢迎合，每次的結合都是慢慢、輕輕，且天衣無縫。

這是此行第一天的第三回合，我從來不知道自己有此能耐。這是不是說明我要碰到高手，才能展現實力。或因她是女人中的「極品」，激發了我的創造力和鬥志。

床上的一灘潮溼，是她潺潺流出的「忘情水」，是她全面解放的證據，就像黃河氾濫，這是她此行的第三次大氾濫。並未成災，而是讓我的寶貝水乳交融，如魚得水，享受魚水之歡。

這緊要的一刻，她雙手環扣住我的頸，雙腿緊緊纏繞住我的腿，我像被一個摔角高手制服。我知道兩人同時爆發的高潮就在下一秒，直搗那點最深處，猛力一射……

所有的纏繞完全放鬆，輕柔慢慢地吻抱，整個人的感覺是身心全然抒發，彼此能量交換，這是今晚第三度我和安安的靈肉合一。有個思想家說，「人生最難，是尋覓此種靈肉合一的境界。」我想也是。

我打破了長時間的寂靜說：

「再幾小時，十點開幕，接著要忙兩天，好好養神吧！」

安安投入我懷裡，兩人擁抱著入夢。

早餐後我們準時參加活動開幕，然後是一整天的學術性討論會，晚上我和安安仍回礁溪飯店。晚餐後，手牽手在附近散步，再晚些泡溫泉，體力恢復一些。是夜，我竟在第一回合後，就倒頭呼呼大睡，安安也體貼地給我一個深吻，然後睡了。

深夜，我在半夢半醒狀態，我隱約地知道安安用她的櫻桃小嘴在給我的寶貝進行「啓蒙運動」，她的舌溫熱柔和，寶貝又不乖，我本要再度迎戰。但她輕聲要我「好好睡，別亂動」。我任由她玩弄，我卻那裡睡得著，像一座扭曲的山岳，要與她水土交融。頃刻，兩眼冒金星，射精後，她的小嘴愈來愈乖，乖乖的睡了，我也睡了，一覺到天明。

第二、三天都是一大堆活動，我們決定多住一晚，第四天才回台北。這是我和安安的「宜蘭之夜」，我們的關係「正式」建立並固定起來。——不是外遇。

宜蘭之行的第三天晚上，有一個小插曲。昔日的戰鬥伙伴，大頭目的跑腿游公，突然打電話給我：「來到我的地盤，怎麼不打聲招呼？」又說：「眞是快活啊！」好像我的行蹤他全知道。我心頭一涼，有可能，情治單位歸他們所用。寒暄一陣後，最後他說「已派人送一份好禮過來，是給你的女人的。」

回程我和安安討論此事，有些詭異。安安說，別理他們，我們過我們的日子。

4 汪仁豪掙脫枷鎖　蔡麗美的天空

開了一個下午的院會，在討論一個最後是沒有結果的提案，安安和我也都發表了相同的看法。

由陳旺來、林大木、蔡火土等共七位教授，聯合提出「台灣文學研究所」設立案，提案教授分別提出許多資訊，說明成立的必要性，如台灣文學自成一個體系，大陸有多少大學已開設「台灣文學」課程，當前國內教育的需要等，因此，設立「台灣文學研究所」實屬急需。

各方論戰之激烈不亞於立法院，大家心理有數，這和統獨、省籍有微妙關係。安安就認爲，地方文學藝術當然要提倡保存，例如中國各省、邊疆文學都很有特色，但在文字運用、表達方式、研究方法，乃至文學理論，都是中國文學範疇之內，沒有必要再成立什麼「廣東」、「廣西文學研究所」，或「台灣文學研究所」，我的看法和安安一樣。

吵了一下午，離最後下班還有十分鐘，終於進入表決，結果同意設立的不到三分之一，草草結束，會議一鬨而散。到九十四年為止，這個問題至少已經吵了五、六年了，因為這涉及統和獨的思維。

剛一散會，安安趨過來在我身旁問道：

「嗨！今晚回家吃飯嗎？」

我說：

「最近和老婆氣氛不好，我晚一點回家，最好回家她已經睡著了，我洗個澡倒頭就睡，不要碰面。」

她聽了也不吭聲，沉吟半晌，也不問我不回家的原因，好像想到什麼得意的事情說：

「那好，待會兒到我的研究室聊聊，然後一道去吃個飯，我帶你去『北非心情』，這是全省唯一的摩洛哥餐廳，就在敦化北路，今晚我請客，飯後到國父紀念館看畫展，現在正有張大千、黃君璧等幾位大師聯展，你看如何？」

一聽到安安精心的安排，我知道她是為讓我開心、愉快，我也知道這鐵定是一個美麗的晚上，精神也來了，接口就答：

「好！由妳全權安排。」

才一到安安的研究室，電話鈴響，是工讀生宋艷打來，稱新竹C大有個叫「汪仁豪」的教授找我，二十分鐘後會打電話到這兒。安安接的電話，把話轉述給我聽，我心想，宋艷這小女生眞聰明，怎麼散會不久就知道我在安安的研究室。

幾個月前，汪仁豪來台北，我帶著安安請他吃個飯，安安對他的事情只是略知一些，並不深入，安安關心地問我：

「汪大哥還好嗎？不知他近來是否還很鬱卒？」

「應該還不錯才對。」我隨意回答，安安在房間裡大概用心粧扮更衣，而我，無聊地在等汪仁豪的電話。

提起這汪仁豪，對他老婆是「有點怕又不太怕」，但在家中的地位可眞是一「絕」。他是我初中的死黨，高中他家搬新竹就在那讀書，大學又到台北來，我們又是死黨，奇怪的是我學哲學，他學化學。初中開始大家都叫他「汪汪」，我也習慣這樣叫了。

汪汪身材還算高挑約一七五左，身形削瘦，面容清癯，皮膚白皙，完全一副書生的樣子。大二的時候喜歡看叔本華（Schopenhauer Arthur）的東西，思想很頹廢，被我痛罵一頓後突然醒了。讀書、教學與研究成爲他生活的全部，在家中他是個「沒有聲音的男人」。

他太太叫鄧如雪，她才是一家之主，家中強人，也是股票族強人，她負責料理家裡的一切大小事情，包括買房子、投資、子女教育規劃，以及小孩要繳什麼錢都找媽媽，因爲當爸爸的沒有一點點發言權或決定權，小孩子要拿東西索性不找爸爸。有一次我去他家，他老婆正在籌謀買房子的事，汪汪在一旁揷嘴，他老婆立刻不客氣地對他說：

「你閉嘴，你懂甚麼！廚房的碗還沒洗。」毫不顧有外人在需要給老公留點情面。我頓時楞住，而汪汪若無其事，一點也不在意，那種溫文儒雅的神態，直叫你生氣不起來。這時他兩個孩子都已讀國中了。

八十九年暑假，汪汪來台北，意外地在他身邊出現另一個女人，那時他只說是普通朋友，我帶著安安陪他們，往後的兩年多，汪汪常來台北，大部份時間是那個女人陪他。我和安安判斷，他們關係絕不止於「普通朋友」，汪汪死鴨子嘴硬，死不承認，其實我是爲老朋友高興的。

汪汪身邊那個「女朋友」，叫蔡麗美，比汪汪小八歲，學服裝設計的，漂亮、時髦，很有時代感，我所知道的就這麼多了。

正回憶著，安安突然從房間出來說：

「嗨！漂亮嗎？」然後身體轉個圈圈。

我眼睛爲之一亮，眼前似乎出現一位仙女，花格子洋裝、高跟鞋、紅色皮包、雙心型耳環，都是今年七月她生日時我送的，當時我答應她「從上到下，從裡到外」送全套給她。我開玩笑讚美著說：

「Beautiful！仙女下凡。」又小聲在她耳邊說：「看得見的都是我的，裡面呢？」

我用手指指著裡面的內衣。

她做個鬼臉說：

「裡面都是，人都是你的啦！」

正在此時，電話鈴響，我知道是汪仁豪打來的，順手就拿起電話：

「喂！是汪仁豪嗎？」

「嗨！汪汪，好久不見。」

「嗯！嗯！好……」

「……」只聽他說。

掛上電話後，安安問我什麼事，我說：「汪仁豪告訴我一個天大的極機密，待會車上慢慢告訴妳。」說著我和安安一同出門了，車朝著敦化北路開去，下班時間一定大堵車，正好在車上可以和安安慢慢聊。

「剛才是汪仁豪的電話，他明天來台北有事，明後兩天想住在環亞飯店，同行的是那個叫蔡麗美的小姐，他叫我幫他預定一下房間。」我說著，用眼角餘光看安安，她微笑不出聲，我繼續說：

「環亞飯店正好在摩洛哥餐廳附近，我們先去幫他預訂房間再去吃晚餐。」

沒想到安安的反應很平常，她簡單地說：

「天大的機密屬實，但這很平常，很正常，老早我們預料的就是這樣，只是不知道汪大哥何時才開放的，人嘛，放開、看開是對的。」面對廿一世紀就是全面解放。

顯然對汪汪的轉變，安安是給他高度肯定的，我補充說：

「明晚七點我約汪汪、蔡小姐一道在環亞吃個飯，妳也來嘛！」

「沒問題，遵照辦理。」安安調皮、爽快回答。

到環亞訂了房間，我們就到附近的摩洛哥餐廳「北非心情」。果然立即感受到一種異國情調，微黃頹廢的燈光，輕快悠揚的樂聲，流盪在佈滿特殊藝品的小屋中，充滿浪漫、熱情的摩洛哥風情，這是目前全國唯一的摩洛哥餐廳。席間，我問安安：

「安安啊！妳常有些很稀奇的寶貴資訊，例如這家餐廳，不僅全台唯一，而且品味特別，怎麼知道的？」

她卻覺得很平常地說：

「沒什麼！也許是我們女人特有的細膩觀察力吧！多注意這些資訊，『美食新聞』季刊最近一期就介紹這家餐廳。」

我打趣地告訴她：

「那好，這些事就由妳負責，多注意這方面資訊。」

「好，按時彙整呈報。」她眞是小可愛一個。

兩人邊吃邊打情罵俏，八點多一點我們又到國父紀念館，好在距離都不遠。進了國父紀念館，才知道除了有張大千、黃君璧的畫展外，也展出八大山人的畫。這下我們喜出望外，如意外獲得至寶，因爲張大千和黃君璧的畫展，我和安安一起已看過兩次，但八大山人則苦無機會，八大也是我和安安最喜歡的畫壇名家。

我們靜靜地、慢慢地欣賞，這回展出八大的作品，以花、鳥、小動物、山水及部份畫册，如「撫董其昌臨古册」、「書畫合璧册」、「花鳥雜册」等。我趨近安安的耳邊偷偷告訴她：

「數天前我已聽說這裡有畫展，想帶太太來看，不料她說看不懂、浪費時間，她幾十年來從沒有去看過一次畫展或其他藝展，眞叫人跳腳。」

安安漫不經心地回答說：

「我陪你看不是更好嗎？每個人興趣不同，何必強她所難呢？」安安說的也對啦！人應給對方自由。

其實安安正在仔細觀賞，她駐足在一幅「荷花」前，若有所思，良久才說：

「八大山人以明寧王宗支，聞思宗殉國，剃髮爲僧，他的生命是很動人的，但他的畫風最大的特質是什麼？」

我隨口就說：

「簡單」，安安覺得我詮釋不夠明確，我再補充：

「齊白石讚美八大的畫風是『簡潔冷逸』，鄭板橋稱『簡筆』，故觀八大之畫，莫不在『簡單』二字，此即『筆簡形具』也，畫者對所描繪物象的形質，有深刻敏銳的觀察與攝取，加以剪裁、提鍊，超越技法框架之外，寄託無限的意象。」

安安讚美說：

「果然是行家說話，有機會我們一起到大陸，去江西八大山人紀念館看看如何？」

我說：「應該有機會，現在兩岸文化交流頻繁。」

時間似乎很晚了，八大的畫才看一半不到。安安提議到館外散散步，看繁星點點，明天下午早些來看，七點準時才到環亞赴約。我有同感。

館外，夜已深深，稀疏的幾對情侶，我們牽手散步著，無言，直到十一點多，才打道回府。

第二天下午三點多，我們又到國父紀念館，直看到六點多還意猶未盡，匆匆忙忙上了車直趨環亞飯店，沒想到汪仁豪和蔡麗美已雙雙在門口等著。汪汪一副書生模樣，蔡小姐打扮入時，著粉紅色套裝，氣質高雅，我打從心底爲這位老朋友慶幸。

大家都認識不用介紹，見面一陣寒暄，就到餐廳位子上就座，述說著許久不見的故事。環亞的小菜比主菜好吃，有名的，汪汪喜歡吃花生，尤其滷花生。

點了菜，侍者倒完酒，我先舉杯說：

「爲各位祝福，爲汪汪掙脫了枷鎖，爲蔡小姐的體貼與典雅的氣質，我們乾了第一杯。」

大家都一飲而盡，汪汪有些靦腆地說：

「其實我和阿美認識很久了，但我們成爲親密好友是近一年多的事，我很少對你們提起，是我們內心有掙扎，現在表示我們走出自己的一片天，我和阿美敬二位。」

四人舉杯小啜。現在大家的身份、關係都已講開了，已無禁忌。安安舉杯向阿美：

「阿美，我對妳服裝設計的水準很折服，汪大哥可是才子，希望妳永遠快樂美麗。」

「謝謝，希望。」阿美微笑、舉杯。

兩個女人小酌一口後，都在杯口留下一個紅色唇印，更妝點出這個夜晚的浪漫。對汪汪這位書生型的老朋友，我所感受到的是意外與勇敢。我打趣對他說：

「汪兄，沒想到你『惦惦的吃三碗公半』，也玩起了這個遊戲。」

聽「遊戲」二字，汪汪還沒來得及說什麼！阿美搶先說話，她故意壓低聲音，細聲地說，大家都伸長頸子想聽個清楚，她說：

「李哥，我可不是玩遊戲啊！你想想，汪哥回家愈形消極，簡直對未來不抱希望。但是，只要我們在一起，汪哥就容光煥發，工作起勁，我在鼓舞他的生命。」阿美理直氣卻溫，又說：「我的存在，可以治他老婆的霸道無理，汪哥在家也好過日子。」

我想也是，人要相互尊重，總不能一方是皇后，一方是奴才，這種婚姻是不能維持的。

阿美一說完，安安也搶說一句「為妳加盟」，但我是著眼於長遠的未來，所以我直接提醒說：

「你們要維持目前兩全其美的局面，須要高度智慧與合作無間的協調溝通。」我好像在說教。

阿美心有成竹說：

「我們不會打破目前的局面，汪哥和我早有共識，他家的主人仍然是他老婆，我有獨立的經濟能力，不會給汪哥負擔，我們也不想生小孩，如此這般。」

汪汪加上一句說：

「對，阿美設計的女裝已開始有了市場佔有率，現在台北、高雄的百貨公司中，至少已有二十個專櫃，專門展示阿美的作品。安安的身材好，有空來選一套，當做我們送妳的禮物好不好？」

我和安安同時投以訝異的眼神，看得阿美有些不自在，沒想到汪汪身旁這位溫柔的小女子，也是台灣女裝界小強人。我和安安同時舉杯「道謝」。

美酒、美女、好友、知己、音樂、典雅的氣氛，交織成一個完美的夜晚，四個人似乎都喝了不少，這大概叫「酒逢知己千杯少」吧！爲了讓好友盡興我仍勸酒道：

「二位房間訂好了，喝完酒直接上樓便可，多喝些無所謂。待會兒我和安安坐計程車，我先送安安回家，自從彭婉如命案後，晚上都不敢讓安安一人乘計程車。」

說著，我一飲而盡，汪汪乾了一杯，而兩個女人異口同聲勸說「少喝一些、早點休息」，我才附和著說：

「對，早點休息。」

汪汪使個眼神，也說：「早點休息。」

阿美也說：「這兩天我除了一點點公事外，我陪汪哥在台北附近走走，度一個完美的假期。」

歸程，在車上我問安安：「這不是外遇吧！」

安安說：「不是。」她的聲音細若游絲，她的頭枕在我的手臂上快睡著了！

5　婦女解放、安全與性自主運動

明天，九十四年十月二十三日，台北市議會第╳屆第六次大會召開，平時這些事和我們這群教書的，距離都是很遙遠。

但是明天議會的審議的，是爭議很大的「成人性交易管理辦法」草案，被廢的公娼和許多支持緩廢公娼的婦女團體，如婦女新知基金會成員，也將會到議會聲援，爭取議員儘速通過廢娼的緩衝期。我答應安安，一定隨她參加。事到臨頭的前夜，內心開始感受到無比的壓力。

參加聲援公娼抗爭，明天都是我和安安的第二次，參與程度不算熱衷，因爲安安是婦女新知基金會成員，爲略表支持，而近年我因安安的關係，也頗支持婦女平權運動，就參加了上回公娼的街頭抗爭活動。

沒想到那次和安安參加公娼抗爭，回來被一些朋友罵得狗血淋頭，說我不務正業，專搞邪門。直到今天下午，大學時代的好友燕京山，打電話來，劈頭就說：

「大家都是老朋友，就直說了，你要搞清楚，自己的身份地位，是大學教授啊！

要搞活動也得搞些崇高的，例如反核、環保等。」

這個燕京山的話說得我不知如何辯解，大學教授幹嘛跑來參加公娼活動，似有幾分道理。但我無法詳細告訴他近兩年來，我對婦女問題、女權運動及所謂「女性主義」議題的參與歷程，正是合乎社會正義。我只好簡單地告訴燕京山說：

「燕兄，謝謝你的意見，這回已經答應人去幫忙，我同意這次參加後，回來檢討爾後方向。」

他很無奈地說：

「希望深思啊！老朋友才講你。」

掛上電話，我也很無奈。對「女人」我一向平等視之，一方面憲法有規定，再者中山先生革命時代就有男女平等的宣言，身爲知識份子的大學教授應該走在時代潮流的前面。這對我來說是不成問題的。

有一回有個搞直銷的朋友，專做女人生意，賣的是化粧品和營養食品，一開口就打出「女性主義」招牌，他侃侃而談：

「這是一個新母性時代，你看現在絕大多數家裡都是女人做主的，男人賺了錢都得拿回家繳交給女人。家中一切用品，乃至男生的衣物，也都是女人在採購，所以市場是以女性爲導向的，所謂『女性商品』，既已包括男士用品了。簡單地說，這是一個女性主義時代。」

我對社會上所流行的「女性主義」或有關婦女議題，並不是很關心，這個直銷界的朋友我只當做在商言商，對我也沒有影響力。

直到民國九十一年的有一天，記得是九月，安安告訴我，她要去大陸，且明天成行。原來聯合國第六屆世界婦女大會於二〇〇二年九月四日起，在北京國際會議中心進行十天會議，討論議題包括反性剝削、家庭暴力、人口買賣、雛妓問題、婦女參政及其他男女平權問題。回憶那一天，安安告訴我要去大陸參加這項重要會議的理由，簡直非去不可，她說：

「各國婦女莫不卯足了勁，針對這些議題，動員大批婦女參與，二岸三地中，大陸是東道主，有爲數幾百的婦女團體參加。香港婦女組織了三百多人的團隊，在會場布置香港營。台灣竟然聽說只有小貓兩三隻，單打獨鬥，包括救國團團主任李鍾桂、滋根協會祕書長楊小定、婦女新知基金會代表鄭至慧、作家丹扉，及幾位國民黨籍女國代。這和各國到場的婦女總數二萬多人，台灣形同缺席。因此，我們一些婦女團體決定緊急組團前往，我決定去。」

安安講完，我突然覺得婦女問題是一個值得關注的議題，和男人也息息相關，聯合國都要爲此召開世界大會。所以我告訴安安說：

「我很支持妳參加這個活動，不管對台灣有多少作用，至少對妳個人是成長與歷練，也會是一生當中珍貴的經驗資源，對不？」

她嫣然一笑，剛才那副理直氣壯的神情也消失了，嬌媚著說：

「那你明天送我到機場哦？」

「當然。」我進一步問安安：

「台灣的婦女問題是不是很嚴重？」

安安說：

「實在很嚴重，例如婦女受到暴力傷害的程度，可能居世界之首，山地少女被整村整批賣入火坑，政府都束手無策，很可悲。最近勵馨基金會可能要舉辦『搶救少女』運動，你注意一下這方面訊息，回來後如果方便，我們一起參加，這很有意義。」

我告訴安安，我會開始注意婦女方面問題。第二天，我開車送安安到機場，在車上她聊了一些婦女運動發展史，我以學習者的心態傾聽。

十天後，我到機場接安安，這些日子我頗注意媒體這方面的報導，在回程車上我就迫不及待針對本次北京大會通過的「性自由和墮胎條款」問安安，而且問得更直接了當：

「這次大會所通過的婦女性自由，或我們常說的婦女『性自主權』，是不是指女人在性方面的解放，完全由自己決定想跟那個男人上床都行？」

她也一本正經說：

「根據大會通過的『性自由和墮胎條款』，婦女有權控制並且自由而負責的決定自身與性有關的問題，包括性和生育健康，而不至於受到壓迫、歧視和暴力。這裡所說的『性自由』強調自主權。」

我又問：「性自由不就是解放了，不受法律和道德的規範。」

安安思索了一下，好像覺得這問題不易解釋，她說：

「人是社會動物，社會規範當然要遵守，只是強調婦女性的『要不要』，由她自己決定是否需要，而不是考量男人的需要。例如我老公沒有充份尊重我，我有權不和他做愛，這樣解釋滿意嗎？」

「滿意。」我繼續說，「所以我尊重妳……」

她白了我一眼，冷不防地被她拎個耳朵。其實我知道這些是難解的題目，只是想提出來做一些思想上交流溝通。我又問她一個我認爲頗難解釋清楚的問題。

「性自由和貞操是相衝突嗎？」

沒想到她說這個簡單，如數家珍般地說：

「早在幾十年前，胡適先生在『貞操問題』一書就說過，貞操不是個人的事，乃是人對人的事；不是單方面的事，乃是雙方面的事，兩人都相互尊重並相愛，便是貞操；夫婦之間若缺少『愛』這種本質，亦無貞操可言。胡適在這本書上最後強調，傳統觀念對婦女要求貞操，而不要求男子的貞操，是野蠻殘忍的。」

我想這是一個有趣的習題，我又問安安：

「這麼說大會通過的婦女性自由和墮胎條款，是現代新的貞操標準囉？」

安安說：「可以算是，因爲不論是性自由、墮胎或貞操，都是建立在現代人權的標準上。我們尊重婦女人權，就包括她在『性』方面的獨立判斷能力，她有權決定自己的需要。」我認爲也是，人人有權決定自己的需要。

我還記得，在這回程的車上我們談得很深入、愉快。回到台北，我讓安安先回去休息，好好睡一覺，相約隔日再研究參與「勵馨基金會」搶救少女的活動。

九十一年十月十三日到十六日，勵馨基金會發起搶救雛妓運動。我和安安都只能參加最後一天。我們都覺得這眞是一個偉大、感動的社會運動，我們是在搶救未來的母親，要求政府落實「兒童及少年性交易防制條例」。

我會用心關注婦女問題，應該感謝安安的引領。參加反雛妓行動之後，我仍覺得只由社會運動並不能徹底解決雛妓問題，因爲雛妓之產生，實與當前之教育、文化、社會、立法及執法系統，有著共存的結構，各方面配合才能解決問題。我把這個看法寫了一篇文章給中國時報，幾天後刊出來，刊爲本書的一部分，才能表達我關懷婦女問題的心路歷程：

從文化層面落實反雛妓運動

勵馨基金會在遠東百貨舉行「反雛妓運動」，同時邀請政府高級官員及立法委員簽署反雛妓公約。我「無限絕對」支持，相信能獲得響應。但我對這個問題曾做深曾思考，我們各界並未從根本之道去解決；勵馨基金會所揭示的「呵護未來的母親，讓台灣不再有雛妓」目標，可能只是「想像中的理想」。以下試從教育、文化、社會、立法、執法等方面簡述之。

第一、雛妓是九年國教的漏網之魚：不少雛妓是國小六年級到國中二年級之間離校的，換言之，是國民教育實施不夠徹底，蓋國民教育是「強制性」的，為何「要來便來，要走便走」？父母責任又如何？相信這又要相關立法來配合才行。

第二、文化內涵沒有在人心生根：我們宣導中華文化數十年，也有「文化復興委員會」的組織，但文化內涵並未在人心生根，當然不可能表現在生活上，因為文化已快成「單純的考試題目」、「博物館的觀光品」，或只是一場學術研究的主題，假如父母親有點文化內涵，假如我們的男人有文化素養，會把女兒推進火坑嗎？會把「小女生」當洩慾玩樂工具嗎？這就是我們要從文化上深層檢討的道理。

第三、開拓社會救助空間：就社會工作而言，需要更多類似「勵馨基金會」的組織來投入關心與行動。以往似乎婦女團體投入較多，其實男士團體（或男士較多）應該有更多關心活動，因為嫖雛妓的絕對是男人，動員社會工作者，對每個「雛妓家庭」進行訪談，宣導或協助處理，不失為較佳方案。

第四、完成周詳可行的立法：這項立法當然範圍甚廣，必須由各有關專家學者研擬之，但至少包包下列項目：

一、國民教育的強制程度、父母責任如何？要很明確規定，不能語焉不詳。

二、造成雛妓的關係人要用重典重懲或重罰：這些人馬包含父母、鴇母、妓院負責人，相關保鏢、人口買賣者或穿針引線者，此等之人都要接受法律制裁，第一步要完成立法。

三、嫖妓者也須受罰：單純從性行為觀之，事情的發生雛妓和嫖客二者的互動關係，任一方面未採取行動，事情便不會發生。所以嫖雛妓的人也應同時受罰，才見法律的公平與正義。

四、合法娼館與妓女的管理：這是解決雛妓重要的一環。娼館方面包含設置條件、地點、審查、定位、經營的權利與義務關係；妓女方面包含其領照條件、年齡、定位、衛生檢查及權利義務關係，凡此有待完備立法，從嚴管理。「廢娼」是表相，問題沒解決。

第五、執法貴在公正與徹底：中國人有一壞的傳統，「說歸說，做歸做」。導致「立法雖嚴，執法又是另回事」。這些壞習慣要改，「包青天」這個角色為何廣受民間歡迎與流傳，因其代表法律的公平，是代表人心與社會的最後一道防線，如果這道正義防線還在的話，要救雛妓是不難的。

居於以上五點理由，我同時呼籲所有反雛妓運動的團體和人士，要經教育、文化、社會、立法和執等多方面進行著手；新上任的部會首長、立法委員、各級政府有權處理雛妓的負責人員，必須運用你們的權力，共同解決問題，相信是婦女同胞之福，洗掉中國男人之恥，我國的國際形象必將大幅提升。

反雛妓工作告一段落後，我和安安利用課餘也參加一些「女性主義」、婦女參政及婦女問題活動，只是「同志」團體我們是不參加的。我們認爲同性戀根本違反自然成長，甚至違反自然定律的。據說少數人性傾向便是同性戀，有人要搞，我們也尊重。

八十五年十一月三十日，彭婉如遭姦殺案對整個社會衝擊很大，聞之者莫不動容落淚，這表示台灣婦女受暴程度之嚴重。不久前，安安哭著對我說：

「受暴婦女都是我們的姊妹，所有的人，包括男人，都出自女體。」

她倒在我懷裡哭了好一陣，之後，我告訴她，我決定擔任「婦女新知基金會」義工，當她的隨從，只要有關婦女保護工作，義不容辭，全力以赴。

她破涕爲笑，兩人心領神會，相視不語。

夜深深，老婆孩子早已深睡，而我還躺在客廳的沙發上，兩眼瞪著天花板，回顧自己成爲「婦女工作」者的堅持與認知，內心響起好友燕京山的聲音：「搞清楚你的身份地位……」

我決定明天準時到市議會聲援婦女團體，同時在構想中出現我下一個目標：說服燕京山共同致力於婦女保護工作，保護我們的姊妹，保護母親。這麼偉大的工作，最值得我們大學教授獻身投入。

當下這一決定，心頭一落，睡意卻上心頭。睡覺吧！養足了精神，明天好打仗。

這陣社會運動過後不久，可能是我太積極吧！有一天的晚上，我和安安在郊外的一家汽車旅館中，快樂得不得了，一陣爽快後，正在陽台喝咖啡、看星星、談心，一切塵事俗務盡拋身外。突然，手機響起，我機警地聽著，第一句話傳入耳裡：

「邪諸葛，不是退出江湖了嗎？幹嘛搞反政府運動？如果你放不下，乾脆回來玩大的？」

我一聽就知道是「魔諸葛阿成」，我解釋：「不是反政府，只是關心婦女同胞，不忍她們受不到平等待遇。」對方傳來笑聲說：「也沒甚麼，大頭目和游公認爲你還是一塊料子，叫游公親自來找你，二〇〇八要玩一個更大的遊戲。」

我再解釋：「我眞的退出江湖了，叫游公不要來。」那頭傳來聲音：「再說吧！」

雙方互道拜拜。

我叫游公不要來，事實上是我對他開口閉口「中國豬」，說自己不是中國人，不敢苟同，不知他流的甚麼血？

倒是我心中在納悶，二〇〇八要「玩一個更大的」，是比兩顆子彈更大，是兩顆「砲彈」嗎？管他的，還是我懷裡的安安快活、實在些！

6 是緣？還是因果輪迴？催眠找源頭

許多解不開的結、參不透的謎，如安安和她老公，我和老婆、我和安安，以及汪仁豪和蔡麗美等，無數個爲什麼？魂夢爲勞。

說安安和她老公吧！據安安告訴我，近幾年來，二人在同一張床上睡的次數不超過十個晚上，兩人平時她不理他，他也懶得理她，安安乾脆和小女兒睡。起初她老公偶爾要求愛，安安每次找理由推拖，抵死不從，她老公沒辦法，說要到法院告她不履行夫妻義務。也是不了了之，就這樣拖著，也不離婚，是不忍見孩子這麼小就沒爹沒娘的。

我勸安安，男人有時也得讓他解解饞嘛！安安回我一句「我也不是供人解饞的。」隨後再補一句，「供你解饞可以。」眞是沒辦法。

安安就抱怨說，只要她老公不回來，家裡每天快樂得不得了。只要他一回來，全部笑容都消失，可以爲晚餐桌子上小孩掉的一顆飯粒，吵一晚上，反正他一回來就只有破壞氣氛。說實在的，問題似乎不大，氣氛卻始終不好，這習題還眞不易做好。

說汪仁豪和老婆吧！日子一如往常，老婆在家發號施令，是一個有實權的一家之主，孩子和媽媽都是一國的，汪汪繼續扮演斯文、聽話的好丈夫，每月最大的任務是把薪水按時拿回家，其他一切家中大小事情就不用管了，也無權管。

至於汪汪和蔡麗美，可快樂得很。每隔一段時間，汪汪都要到台北「開會、上課、講學」，這些都是身爲大學教授重要的工作，他老婆絕不可能起疑。其實是來蔡麗美身邊獲得一點安慰，蔡麗美經濟能力好，人漂亮，個性好，抱獨身主義，只希望有個好男人偶爾作伴就行了。她和汪汪如此有緣成雙。

說我自己和老婆愛愛吧！也沒什麼大問題，只覺得生活上好像兩條永遠沒有交叉點的平行線。要約她看畫展嘛，她說不懂；帶她郊外散步，又說腿酸。反正，三餐吃飯，各過各的活。還好，「周公之禮」依然維持著，只是夫妻「房事」絕非單純的禮事可了。她的性情愈來愈易怒，起伏很大。

至於我和安安嘛！只要她與我在一起，那種蕙質蘭心的氣質立即展現，凡事心領神會，觀念相近，思想交流匯集融通。用「心、靈、性、體」的合一來形容，最爲貼切與接近事實。爲甚麼我和老婆愛愛就不對盤呢？

最近愛愛常和一群女人在一起，我想大概姊妹淘吧！後來我發現是和一群「扁友會」員一起的活動，我尊重她並未問或干擾她。有一天晚上她反而告訴我說：「那些姊妹都講，台灣如果獨立，或成美國一州，五年內國民平均所得可以到三萬美金，台灣成爲世界金融中心或亞洲瑞士。」

我沉靜答說：「愛愛啊！有可能嗎？」

我未多做解釋，她聽不懂。我以爲她對中華文化有些體認了，沒想到又走回頭。然而，這些到底爲什麼？中國人把這些無解的難題，全都一網打盡，不負責的推給什麼「緣分」啦！「命」啦！要不然就說「八字」出了問題。

一些很有水準的名嘴都講過這些道理，說「緣就是隨緣，分就是本分。」又說「共命可以預測，殊命是偶然。」還有「分」可以解釋成生辰八字或家世背景。

安安雖然學的是文學，但畢竟她是現代高級知識份子，經過現代學術的嚴格訓練，在思想上受到邏輯實證及經驗科學的影響，對命理這套荒謬絕倫的八卦東西，她打從心眼裡就沒相信過，中國人之所以流行算命，許多事情更是「聽天由命」，根本就是環境養成的，她分析說：

「假如你生長在一個發展成熟、制度健全的國家，其司法公正、治安良好、尊重人權、福利制度完善，當然可以掌握命運，一展長才。不幸生在台灣，面對司法不公、官商勾結、黑道治國等，恐怕連達官貴人也得聽天由命了。」自從「三一九」案後，安安認爲台灣成爲「篡竊社會」。

安安也很理性地對我說：

「命理其實都是假科學，它才是人民的鴉片煙，用它來解釋婚姻關係，簡直牛頭不對馬嘴，基本假設錯了，如何能導出正確的結論。」

安安認爲人受環境影響很大，例如公元二〇〇四年的「三一九槍擊案」後，台灣的本質已趨向「篡竊社會」，這種社會沒有公義，只有爭權奪利，政治人物撈一把就走人，小老百姓能奈何？只有聽天由命了。

安安的分析過程，推理和判斷都正確，合乎科學原則，合理合情，顯然「命理」或「緣分」並不能解釋她在婚姻方面的困惑。

但是，面對安安和老公距離愈來愈遠，愈來愈冷漠，她似乎也愈來愈不快樂，如何追究最根本的原因，我決定另謀出途，帶安安去做近年很流行的「前世療法」。我知道要帶她去進行這種治療，一定要拿出一套可以說服她的理論，我做了充份的準備。

當我向安安提出這樣構想時，她第一句話不出我所料地說：

「你的理論基礎何在？」這大概是所有學術人的通病。

我簡單地對答說：

「半個多世紀前佛洛伊德Freud Sigmund的潛意識理論就是根據，我們可以透過潛意識開發，了解人類精神及心靈領域的問題。」

安安追問：「如何開發？在方法論Methodology上是否站得住腳？」

我不假思索就說：「簡易的方法是催眠術，不過現在已經結合精神醫學研究前世問題。例如一九九四年五月在美國費城舉行第一百五十屆精神醫學會上，已提出『生理心理社會心靈總體』（Bio-Psycho-Socio-Sprtual Integration）論文報告，對利用催眠術開發潛意識及前世意識，可以有科學性的經驗證明。」

「你一直提到『前世』，如何證明有前世？」

「這是因果律，世界上有因必有果，有果必有因，沒有前世，何來今生。就是不談因果，從現在的許多研究報告記錄，人在催眠後，都從潛意識裡看到自己的前世，這是一個重要的『發現』。還有一個活生生的例子在眼前，達賴喇嘛都是世代轉世而來。」這樣回答安安的問題，該是很有說服力的，她果然點頭認同我的理論，想了一下，她又問：

「目前研究前世療法的都是那些人？」

我知道安安很在意「人」的品質，她認爲我國這些講命理風水的人，盡是些術士、乩童、騙徒之流，人本身都是「惑」，如何替人解惑。假如能有一些精神心理方面的醫學研究者投入命理市場，安安也許相信些。所以我告訴安安說：

「當代研究前世療法的學者，都是學術界的權威，如維吉尼亞大學心理治療系史帝芬生 **Lan Stevensan**、耶魯大學精神科主治醫師魏師 **Brian L Weiss**、威斯康辛大學精神科主任普森 **Harry Prosen** 等人。目前在美國、歐洲更有許多大學主持著這方面的大型研究計畫，成果不錯。」

我提供過一些基本資料給安安閱讀，她對現代新知的接收也很快速，所以我們的談話似乎快有共識。她也有了興趣，她又問：

「台灣的研究環境及成果又如何？」

「精神醫學家徐鼎銘教授，投入超心理學研究達六十年之久；結合催眠與心理治療進行前世療法的開業醫師如楊幹雄、陳勝英，都是當代醫學界的精英。其他還有一些精神、心理學方面的教授也很有研究，汪仁豪和燕京山他們認識幾位，我們可以先去拜訪。」

原先安安的困惑與憔悴，現在開朗許多，表示如果可能打開這個生生世世的「黑盒子」，進入深層的宿緣世界，探究今生這個瓜葛胡纏的愛恨情仇，頗樂於一試。她帶著期望的心情說：

「那我就用前世療法試試，要找誰治療呢？」

我答說：「這個由我來安排，目前國內這方面的權威醫師就是陳勝英，請他主持最好。」

之後的兩個星期中，汪仁豪爲我們引見了幾位很有研究的教授，決定請陳勝英醫師來主持安安的治療工作。

記得是九十四年農曆春節過後沒幾天，一切都準備就緒，汪汪、我和安安一同來到陳勝英醫師在台北東區的營業所，一陣寒暄，填完基本資料後就開始。以下是安安接受前世療法的眞實記錄，第一階段安安和陳醫師大多有問有答，表示時代不算太久遠，景象比較清楚，前世意識也明晰。

第二階段進入更深層、久遠的年代，景象和意識觀察都不夠清晰，陳醫師有問，安安約有一半沒有立即回答，故採事後追憶自白記錄，陳醫師事後也校訂過這份記錄，並經安安同意，用匿名把全文刊在「中國精神醫學會」的學術期刊上。

第一階段催眠

催眠者：陳勝英醫師（簡稱陳）
受催眠者：黃安安（簡稱黃）

陳：請閉上眼睛……深呼吸，放鬆地深呼吸，慢——慢，全身肌肉放鬆，前額肌肉放鬆，臉部肌肉放鬆——放鬆，頸部、手臂、腹部、腰部都放鬆……長長地深呼吸——妳會更加深沉、順暢……

現在妳馬上就要進入催眠狀態，走進潛意識世界，仔細觀察四周環境和妳自己（停頓）。

現在妳進入潛意識狀態，就是進入催眠，遠處有燈光，妳完全處於自由狀態，沒有時間和空間限制，向最遠的燈光走去，走……慢慢走——。走到亮光的世界，用妳內心的眼睛開始觀察。

黃：……（沉默）……嘴角微動。

陳：講話啊！妳現在在哪裡？

黃：在一座森林邊邊，外面是大草原，很多人。

陳：很多人在做什麼？

黃：好像在打仗。

陳：看清楚那些人做什麼打扮？穿什麼衣服？或有沒有旗幟上寫什麼字？

黃：好像宋元之際的服裝，對了，有的旗幟上有「宋」字，有的是「元」字。

陳：很好，妳這一世是宋元交替，正是兵荒馬亂的時代，現在看清楚妳自己的衣著打扮。

黃：我衣衫襤褸，像在逃難。

陳：仔細觀察，森林附近還有別人嗎？

黃：還有十多人在後面，我父親帶著我哥哥、姊姊出現了，哥哥和我現在的老公長得一模一樣，姊姊和我現在的妹妹安明也長得一樣。

陳：不錯，這一世妳們在逃難，彼此也沒有瓜葛。現在我要妳再深入催眠，回到更前世，更平靜，更放鬆，深沉……沉。說話，看到什麼？

黃：（眼角微動，似乎受到亮光刺激，嘴角、左手指微動，欲言又止）

陳：快說，看到什麼？

黃：好像在皇宮裡，不，是一個很大的官邸，富麗堂皇，附近有人，個個似乎是榮華富貴。

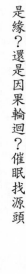

陳：從服飾判斷一下年代。
黃：好像唐朝，唐代服飾有代表性。
陳：妳這一世的角色是什麼？
黃：（沉默片刻，臉變得嚴肅）我是一個性情執拗倔強的大小姐，所有下人對我的命令無敢不從者。
陳：有活動嗎？或妳正在做什麼？
黃：沒有。我正在用快速走向大廳的門口。
陳：做什麼？
黃：正在走……馬伕衝到門口，跪在地上說：小姐，車準備好了；我的婢女也跪在地上說：恭送小姐。我大概要出去玩，我知道了，那馬伕是我現在的丈夫，婢女是現在的妹妹。
陳：妳待他們二人如何？
黃：我是金枝玉葉，他們是下人，敢怒也不敢言吧！
陳：妳和妳現在的先生、妳妹妹之間並無深仇大恨，以及妳和李明輝的關係，還要再進入最深度催眠，看看初始的恩怨交錯前世。（接著有一段完全沉睡狀態）

第二階段催眠

催眠者：陳勝英醫師（簡稱陳）

受催眠者：黃安安（簡稱黃）

陳：完全放鬆，放心，一切都會控制得很好。繼續閉著眼睛，向遠處的燈光走去，走進光裡，進入另一個時空，讓潛意識完全自由決定行走的方向……

從光裡穿出來，開始觀察附近景物。

黃：（以下是黃安安用第一人稱的事後自白）。

我隨著陳醫師的指令，用心體會每個步驟，整個人放鬆到可以浮起來，隨著陳醫師的指示，從光裡出來了，眼前好像是一個市集，我在觀察著……

陳醫師用輕緩的語調問我：「妳看到什麼？妳在做什麼？」我回答：「我看到一些甲骨文，我想買兩個奴隸。」他說：「妳這一世應該是三代稍早些，母系社會，妳看妳自己的衣著打扮或身份。」我接受陳醫師的指示，在腦海中快速閃過一段畫面，「我是一個部落的女霸主，我有一個『法定』的男人，但還有許多個男人供服勞役，或任我運用，覺得不夠，還想再買。」

陳醫師再問：「買到沒有？」畫面又回到市集，我慢慢挑選，找到了很強壯的一男一女，男的供苦勞，女的當女奴用正好。我回答陳醫師：「我買到兩個奴隸，要回去了。」我發現那男奴是我現在的丈夫，女奴是我現在的妹妹。我正在想不通，他們爲什麼幾世同時出現，又同時是我的下人。

陳：妳要走了嗎？繼續往前走，發現什麼？

黃：眼前景像變成一個大荒原，已是黃昏。

陳：看見什麼？

黃：不知道，一片荒原。

陳：仔細觀察。

黃：光突然變得比較明亮，對了，我帶了兩個奴隸隨我出去打獵，正踏上歸途，兩隻老虎從後面攻擊我們，兩個奴隸當場喪命，千鈞一髮之際，兩支箭「咻——咻」射過來，正中兩支老虎頭部，老虎應聲倒下。眼前出現一個體型適中的男人，他是附近部落的主人，但我們兩個部落是敵對的……對，他是明輝。

陳：一切糾結現在都有答案了吧！

（陳醫師繼續爲安安的未來，就是我和安安的未來深入預見。）妳和李明輝在這世之後，到二〇七九年才會有圓滿收場，妳們會在杭州西湖邊白頭偕老。

陳：現在要結束前世回溯了，放鬆……慢慢睜開眼睛，妳將立刻回復到正常狀態，生理和心理功能完全恢復常態，妳會覺得輕鬆無比，煥然一新。

前世治療結束後，我們在陳醫師的營業所聽他補充解釋，我救安安一命，她早想回報，但因種種原因拖過了漫長時空，最後仍然要到西元二〇七九年才能圓滿了結。第一、兩部落的宿敵，須要很久才能平撫；第二、在漫長的時空中，我和安安也可能同時出現，但距離遠，或扮演無關緊要的角色。但輪迴世界是公平的，任何事最後必定要公平收場。

至於安安現世的妹妹黃安明，連續多世當了安安的奴隸，安安也未善待。此事遲早安安也須還清做個了結，也許黃安明會來索取，也許安安主動要還，如何公平處理，端看輪迴機緣了。

這事辦完後，安安和我似乎意猶未盡，針對前世療法有過多次「密談」，並將這流轉千年的輪迴關係，全部祕而不宣，不管可靠性有多少，都從此深埋在彼此心底。倒是安安一顆心嘀咕著她妹妹，不知該如何還她這筆債，安安告訴我說：

「反正二〇七九年我們會是正式的夫妻，在這前或後世，如果有機會願意當妹妹的下人，供她使喚。」

這當然是玩笑話，還是要還的，人本身可能沒有這等能耐來決定自己轉世的時空，更不可能選擇所要扮演的角色，除非你有達賴喇嘛的功力。所以我勸安安：

「不要杞人憂天，此事自有『天』作主吧！輪迴應該是人類生生世世最後的司法正義。」

惟可以比較有改善者，是安安在各個角色之間的感情生活，釋然許多。她開始想要拆除她和老公之間那道厚重的牆，但效果似乎不彰。安安告訴我說：

「我不是築牆的人，所以拆牆效果必然不佳。」她老公只顧事業，也許早有別的女人。

我只有安慰安安，慢慢拆，急不得，也許此事也是冥冥之中自有安排。不論安安和老公，或安安和我，雖說無緣，卻也有緣，緣也罷！分也罷！總歸是相欠。

開學後，安安心情很好，陽明山、木柵、烏來……這些山區荒郊，依然有我們儷影雙雙。

這麼多的濃情蜜意，每一秒鐘都是天賜良機，對彼此都越來越感到需要的迫切，只是我們也都小心呵護雙方家庭的現有格局，避免有任何傷害。但對於二〇七九年才能成眷屬，卻感到太過於「不可及」，太久了，難道沒有「解套」或能提前到來嗎？爲此我和安安專程走了一趟佛光山，尋找解套的方法。

終於找到一個良機，事前一週我和安安已完全停止行房和所有親密動作，前一天進駐佛光山，淨身、齋戒，第二天上午面見心儀很久的大師，皆空老和尚，我們針對自己的「問題」坦誠陳述，至少有兩個小時歡談。

原來事情並不難，老和尚開示「因果輪迴」雖是宇宙定律，但並非不可變，「目蓮救母」就是典範，誠心、功德和加持可以改變因果所形成的既定局面。而我和安安可以做的，就是從布施功德做起，心誠則靈，沒有不可能，老和尚期勉我們努力。

事後，我和安安經常捐助文化界，並從身邊的窮人向外擴充做救濟工作。這些年來，單單是我「送」出去的現金絕不低於六百萬台幣，皆空大師的話「錢財身外物」，常在我心中響起。

幾個月後，我和安安又上了一次佛光山，除了看皆空大師，主要在大雄寶殿佛前，向佛陀報告（立誓）：此生或來生，若無機緣成夫妻，誓不成佛；反之，若成夫妻，隔世兩人定出家修佛，普渡衆生，願我佛成全。

7 燕京山的邂逅

「鈴！」

星期六的午後，我不太想待在家裡，在研究室裡看學生的論文，安安在一旁煮咖啡，滿室飄香，急促的電話聲響，我順手拿起電話。

「研究室，我是李明輝。」

對方發話，是燕京山打來，寒暄之後，他就語氣慎重的說話，傳過來的音量頗大，安安在旁邊都能側耳傾聽的清楚：

「我全程參加了『一〇〇九紅衫軍天下圍攻』遊行，我們另外由全國各地律師公會、勞工、學者、教授、婦女及人權團體等三百五十多個團體所發起的，它的重要性與範圍都大於婦女保護運動。這一次是暖身，下個月還有更大規模的遊行訴求。講好了，到時汪汪和你都要參加，能否約汪汪上來台北，就在明天，星期天中午，找個地方吃個飯，大家共同商量一些細節問題。」

「好，我來安排，時間、地點再連絡。」掛上電話後，安安都聽見了，不用我重述，她遞過來一杯咖啡，香氣撲鼻，幾絲細煙嫋嫋。安安煮的咖啡，一如其人，均可堪稱是「絕品」，她說：

「燕大哥身為大學教授，學的是土木，搞的是建築設計，對國內社會改革運動又這麼熱心，這種人在我們高級知識界還眞不多吔！」

「對社會改革運動，燕京山有很高的使命感，這是他近日第二次打電話來叮嚀我們，務必參與下個月的擴大遊行，我和汪汪都答應參加。」邊啜一口咖啡邊答安安的話。

安安又好奇地問：

「形成這種強烈使命感的原因是什麼？」

我想了一下，幾天前燕京山打電話來邀約參加活動時，與我談婦女保護運動時，他談到台灣社會的現況，對美好社會的強烈渴望。我把他的談話，整理一下思緒告訴安安說：

「照燕京山的看法，三一九的竊國篡位小偷行為不糾正，使台灣社會全面變質，人人以作弊獲利為合法。燕京山認為這個問題的嚴重性，高於其他婦女、環保等問題，如果這個問題得不到正義解決，其他都難解決。燕京山對社會現況極度不滿，他談到美麗的寶島被稱爲『貪婪之島』，近年擄人勒索、毒品氾濫、到處是狼、強姦搶劫、司法破產、軍官盜賣軍火，黑道治國，台灣成了『恐怖島』、『惡魔島』、『東西里島』；德國媒體稱台灣是『豬舍』，是不適人住的地方，而現在台灣的新名稱叫做『火燒島』，我們這些知識份子的使命感那裡去了！」我的一顆心七上八下，心跳加速，因爲我也有責任。

我把燕京山的話一股腦兒全倒了出來，心想安安也會激動，沒想到她若無其事，簡單地答上一句：

「他說的社會現況是事實啊！」又把話岔開說：

「聽你提過燕大哥在大學時代只會讀書和談戀愛，還娶了美嬌娘，怎麼現在搞起政治運動？」

「我想，人的思想是在變動中。」啜口咖啡我接續說：「燕京山的家世背景好，人長得很帥，在同學中他算是女生心中那種『白馬王子』型的男生。」

「這麼說是他太太追他囉？」安安問著。

我像說故事：

「才不，追燕京山的校園美女的確很多，只有他現在的太太江蘭姿不追他，在當時江蘭姿可算是另一型的校花，人長得漂亮、溫柔、體貼還是其次，她侍候男人的工夫第一流的。但她並不主動追燕京山，反而是燕京山追她。」

我這一說，安安有興趣了，她大概想知道江蘭姿是如何侍候燕京山的，安安放低音量，輕聲說：

「講一下她的工夫是怎樣的第一流吧！」

我知道夫妻之間的生活、感覺是很難描述的，通常「畫龍畫虎難畫骨」，故唯有「畫龍點睛」答道：

「妳相不相信已經進入廿一世紀的現在，他太太每天晚上把浴池的熱水放好，內衣褲拿好，叫老公洗澡。煮菜時叫老公先嚐口味，她的個性就是這樣，對燕京山簡直是百依百順，燕京山在家裡和當國王差不多。」

「唉！」安安輕嘆一聲，然後說：「這樣的女人現在眞是稀有動物了，也許是燕大哥前世修來的福氣吧！」

安安突然提出自己親身經歷過的「前世今生」做註解，我想也是吧！附和著安安的話：

「應該是，他們兩個是我們同學中人人羨慕的一對，郎才女貌，稱得上『王子與公主從此過著幸福美滿的日子』，現代社會少有。」

週末的下午，最宜閒聊鬼混，我和安安就這樣邊聊著燕京山和江蘭姿的話題，我一面也打電話連絡汪汪協調明天約會的事，最後決定明天上午十一點準時到蔡麗美剛買在外雙溪的小別墅。這小別墅才剛交屋、裝潢好不久，是蔡麗美專為汪汪來台北時暫用的「行宮」，我和安安都還沒看過，都想去看個究竟。

週末的晚餐，我和安安又到了上次去的摩洛哥「北非心情」，餐後再到中正紀念堂聽了一場音樂會。之後，約好明天一同到蔡麗美的小別墅，在中正紀念堂外的夜空下，吻別……打道回府。

這是一個安靜、簡單、充實而溫馨的週末。

第二天，是一個美麗的星期天，上午十點多我約著安安就一道出發，車潮不算多，邊開邊聊天，中山南路——中山北路——至善路，依著門牌號碼很快找到，一看才知道這不是「小別墅」，因為進大門首先映入眼簾的是一片不小的花園，綠油油的韓國草上放著左右兩排五葉松、櫸樹、梅、楓等盆栽，從整姿、剪定及盆缽選用，都可見這家主人的用心。我和安安正在欣賞盆栽。

安安才說著「盆栽是立體藝術，無言的詩歌」時，屋裡已有熱鬧的人聲傳出：

「歡迎二位大駕光臨！」

原來汪汪最早到陪蔡麗美先去買菜，燕京山稍後也到，我和安安還算晚到了。「淅瀝淴嚕」進了門，赫然一驚，不驚於新居裝潢，而是一個依傍著燕京山身邊，依偎著如小鳥依人般的女子，我的疑訝似乎寫在臉上。汪汪給我使個眼神，燕京山接口說：

「這位是尹月芬，令尹的尹，先欣賞這室內佈設的經典作品，再慢慢聊吧！」

「好。」我已會意大半。

汪汪頗有「男主人」的架勢，不錯，他只要上來台北和蔡麗美在一起，不僅「男人味」十足，也確實是個男主人。汪汪帶著大家簡單介紹室內設計裝潢，蔡麗美已在廚房忙著。

汪汪有點像在做簡報，「書房和臥房的牆面、油畫、天花板的模塑裝飾、桌椅和床，都精選巴洛克（Barogue）風格，融滙大自然主義和浪漫主義的色彩。浴室、廚房、客廳因有許多現代功能要發揮，故全部採用現代化系列產品，現代感十足……」

汪汪邊說著，一夥也七嘴八舌的讚賞、問價、羡慕、驚嘆，消遣汪汪的好福氣。然後，女人們都去了廚房參觀蔡麗美的烹飪手藝，男人們在客廳坐下各談高論。燕京山突然拿出一疊資料，人手分一份就說：

「吃午飯前我們辦一點正事好不好？」他看看我和汪汪，都不作聲，因爲也不知道他要辦什麼正事，他看大家沒反應又開始說：

「紅衫軍運動的領導人是施先生，這個運動所針對的是陳水扁，但所要求的改革是全面性的，以追回台灣的社會公義價值爲目標。我和另一群朋友只是乘紅衫軍運動，縮小範圍，只針對司法改革運動。」燕京山稍停，看大家的反應。

「那找我們幹嘛？」我示意他說下去。他又說：「三一九不能解決，就是司法被政治綁架了，失去了獨立性，下個月準備大遊行，針對……」

不讓燕京山報告，我就把話岔開說：

「吃過飯辦正事才有精神，現在先聊聊你的新人嘛！我們既不認識又不了解。」

汪汪也起鬨說「對嘛，聊聊新人。」我就首先發難詰問：

「何時開始，現在什麼關係？快誠實招供。」我還刻意壓低了聲音。

燕京山答話的神情，完全不像剛剛做「社會運動報告」那般理直氣壯了，他反而有點難爲情的說：

「沒多久，談不上什麼關係。」

見燕京山口風很緊，換汪汪按耐不住性子，從另一個角度切入說道：

「你和江蘭姿可是天上一雙，地上一對，你在家過著國王般的日子，不像我和李明輝，我們所有同學無不羨慕你們倆口子，江蘭姿如你所望，她是個好女人，你可不能幹了對不起人家的事，江蘭姿也算咱們老同學，我們要爲她抗議。」

汪汪一番話果然合情入理，說得燕京山支支吾吾，答不上一句話，我在一旁接著搧火：

「剛一進門她依偎在你身旁的樣子，明眼人一看便知，眼睛會說話，唬不了人的，大家都是幾十年的老朋友，說出來大家參考。」

「對嘛，大丈夫怎麼扭扭捏捏的，還把我們當老朋友不？」汪汪又鼓譟著。

燕京山見已無可迴避，只好說：

「我和江蘭姿還是親密愛人，你們不要想像太多，我們還是很好，不會有問題。至於我和尹月芬，只是一個偶然的邂逅，不可能爲她影響到我和江蘭姿。」

「怎麼個邂逅？」汪汪緊迫追問。

「咳！」燕京山輕咳一聲，捋著沒有虎鬚的下額，慢慢、細聲道出：

「她妹妹伊月芳和我是同校職員，熱心參與各項司法及社會改革運動。姊姊尹月芬學的是古典芭蕾，在台灣應是最年輕的明日之星，幾部芭蕾舞的經典作品，如『天鵝湖』、『吉賽兒』、『愛麗絲夢遊仙境』等，她都參與演出過，以後一定是優秀的舞蹈家。去年她每一場舞蹈發表會我都去觀賞。」燕京山說著看看大家。

「如何開始的，講重點嘛！」汪汪作提示。

燕京山才又接著說：

「去年年初時，尹月芬從美國回來，在國內有幾場舞蹈發表會，她妹妹給我兩張招待卷，會後請她們姊妹去吃宵夜，第二次以後她妹妹忙於工作沒再去觀賞，我則十之八九會去，一回生兩回熟嘛！」

燕京山說完，汪汪和我四目注視著他，都覺得他避重就輕，所以我又問道：

「燕兄！有沒有進一步關係？有沒有把人家怎樣了？」這是最直接了當的問法。

燕京山終於鬆口說：

「尹月芬今年曾到新加坡、高雄有舞展，我都利用機會陪過她幾天。」

我和汪汪似乎審訊案件有了結果，同時鬆了一口氣，不過我也愼重告訴他：

「不要因而傷害到江蘭姿。」我這樣的叮嚀，汪汪也認同的說：「你和江蘭姿是完美的一對，不要壞了大事。」還有，「江是老同學了，不要有傷害。」

燕京山很堅定說：

「告訴你們，月芬是個獨身主義者，她認為現代是一個『大獨身主義時代』，你們絕不相信她現在是一隻『不生蛋的雞』，她結紮了。」

燕京山說完，大家頓時相視無語，不知該說什麼才好。忽然傳來一陣女人聲音「吃飯囉！」才想起已經很晚了，肚子突然餓了。

一桌精緻佳餚，眾人讚美蔡麗美做菜的工夫比服裝設計更專業，也十分欣賞尹月芬一舉手、一投足，都充滿美感。而共同的感受，是紅粉知音相聚，人生無幾，須得珍惜。

餐後，男士們叫女人們「吃完飯拍拍屁股去泡茶聊天」，換男士收拾杯盤殘羹，進廚房洗碗筷。這方面汪汪最行，他是被鍛鍊出來的，我次之，燕京山最差。

午後兩點，大家情緒依然興奮，各自論談著理想、計畫，正在進行的工作。汪汪要提早回新竹，大家也開始準備「各奔前程」。最後燕京山終於抓住機會，報告了「回復社會正義最後防線司法大遊行」的宗旨、原則、目標、口號等，並分配每個人的任務編組，聲明時間、地點另行通知，要求大家務必參加，維護社會正義，國家才有前途。

謝了主人，打道回府。

歸途中，安安沉默不語，似有所思，靜靜聽著音樂，但我看得出她一肚子疑團，也知道她在想什麼！安安終於憋不住問我說：

「眞搞不懂，這麼好的婚姻關係居然還有外遇！」

不實我也和安安一樣搞不懂，我瞥了她一眼，自顧開我的車，她又說：

「像汪大哥的婚姻關係，有外遇是必然，像你我是合理，燕大哥會有外遇實在費解。」

「費解，也不應該。」我有些惋惜，「也許，人對現狀是永遠不會滿意的，不論現狀多好，遲早也會有改變現狀的變局發生。」我這樣自言自語。

安安也覺得這個論調有些悲觀，一路都沉默不語，音樂播放著「愛的羅曼史」，內心舒服些，兩旁的行道樹向後飛逝，車向前奔馳。

8 改革或革命

「司法正義是社會正義的最後一道防線，若司法正義瓦解，則社會與國家安全隨之崩潰，政權轉讓事小，國家因而衰亡則茲事體大。我們大學教授要有這樣憂國憂民的使命感。」這是燕京山最近常在電話或碰面聊天時，所提到對時局的感懷，我、安安和汪汪等人都有類同的感受，只是沒有燕京山那麼狂熱、發飆。

中華民國時序進入九十五年之歲梢，全島依然持續著上半年及去年的狂飆，一群喪失理性的島民，全國高燒不退。黨派傾軋、司法改革、陳水扁的台獨制憲，游錫堃的中國豬論，深綠人馬指控施明德「通匪」案，美日安保是否保台？「總統女婿事件」、「第一家庭貪污案」，以及搶劫、強姦、殺人天天上演。

近年也有地質、環境等科學家，多次提出警告，謂台灣南部超抽地下水，加上海水上升和水土保持沒做好，全台灣島在加速下沈，南部最嚴重，數十年內高雄可能只剩壽山露出海面。然而，台獨執政才不管這些，阿扁有次還說「操啦！台灣不沈！」

這樣的舞台環境，正好讓燕京山揮灑的淋漓盡致，不過他選擇司法改革為參與重點。「一〇一九司法改革行動聯盟」之後，燕京山及參與司法改革者，都把司法院喻爲『現代侏儸紀』，把法官喻爲『恐龍』，要求改革者不斷施壓，司法院與法務部終於同意在十二月十三日至十五日，召開爲期三天的『司法改革會議』。但是『一〇一九司改』者認爲司法院只是一場『官方秀』，參加成員都是司法院『御筆欽點』」。

所以，燕京山近來常在「教育」我們，不論十一月、十二月，希望大家全力支持司法改革，維護社會正義的最後一道防線。

正當寶島即將進入歲末寒冬之際，燕京山把許多時間放在司法改革，我多次提醒他「大學教授以教學、研究爲本務」。

但民國九十五年的下半年，尤其到十月爲高潮，就是「紅衫軍」運動，許多人不由自主地進入「運動場」。大人、小孩、婦女、學生（尤以名校如北一女），當然有各黨派人馬，整個運動以施明德爲精神領袖，同聲要求「阿扁下台」、「阿扁下台」、下台、下台……從北到南，數百萬之衆，阿扁住在「總統籠中」，嚇得不敢出門。

這當然是阿扁家族貪污腐敗，洗錢搞錢，導致天怒人怨的結果。光是第一夫人阿珍、第一女婿和第一親家趙家，不知道搞了多少錢，人民的眼睛是雪亮的，所以引起人民之怨也是必然的。

依燕京山的說法，「三一九案」是作弊，貪污也失去合法性的統治，所以民進黨政府是一個「非法政權」。如果司法不能公平解決「三一九弊案」，阿扁又不下台，人民是有權利革命的，燕京山也準備要發佈「革命宣言」。

我曾告訴燕京山，台灣是移民社會的本質，人心中有濃厚的機會性格，不好就落跑，不會搞革命。而且中產階級仍有多數，也不會搞革命。

燕京山看法有些不同，我聽到他要發表宣言，更勸他必須愼重從事，乃積極協調、連絡汪汪等人。也許上回在蔡麗美那兒意猶未盡，也許星期天女人們也想玩，一拍即合，敲定星期天中午到「汪汪和蔡麗美的愛巢」吃飯，餐後針對「宣言」內容討論。

好友相聚時間總不嫌多，甚至都覺得「聚少離多」，才幾天未見，到了「小別墅」依然不減大夥的熱情興奮，這是一個愉快的餐會。

餐後，燕京山急著拿出一份用A4的電腦打字，分發給每個人，這是兩個「變天宣言」稿。大意是李登輝和陳水扁的十大罪狀，兩人都該退出政壇，向國人謝罪。

燕京山把兩份宣言的重點講解一次，條文則逐字宣讀，約花了十分鐘才講完，大夥兒鬆了一口氣。他環顧衆人，全場竟鴉雀無聲，如此持續約半分鐘，大家你看我、我看你。平時很少說話的蔡麗美先打破沉默：

「先不談內容是否適宜，不知這兩份宣言能得到多少大學教授支持聯名？」

燕京山面有難色說：

「目前除了我們六人，我學校裡應有一些教授可以認同，當然若能全國連線最好，但這要打組織戰，我們顯然欠缺這種組織力，但這不是重點，重點是要把這兩份宣言由少數代表聯名，傳送全國幾個大的報章雜誌，由媒體發揮影響力。」燕京山的設想果然比較方便。

安安是比較務實的人，許多事情在方法及過程上，她有時是比較重視結果，換句話說她要的是「有沒有結果」的問題，安安問道：

「但不知宣言公佈後，我們預期成果如何？」

安安的問話給汪汪啓發了聯想，燕京山正思如何回答安安的問題，汪汪就搶答說：

「對啦！成果可能比較悲觀，今年修憲時，有一千多位教授聯名反對，結果如何？我們的力量太小，頂多引起一陣騷動，製造一個新聞，過兩天大家又忘了。」

燕京山接著就說：

「成果我是評估過，可能難以讓人滿意，但總得有人當烈士，凡事起頭難，宣言至少可以喚醒一部份人。」

原來燕京山打的是「烈士牌」，明知不可爲而爲之，我最敬佩他這種精神，打從學生時代這個個性全然沒改，但我從制度面看這兩份宣言，我提醒大家注意我的說話，各人眼睛都看著我，我說道：

「從制度面看，總統是民選，任期未滿，不能說不幹就不幹。黨主席較有彈性，但除非多數黨代表或黨員要求他下台，否則很難把他弄下台。今天是選後第一天，各界一片譁然，國民黨基層罵聲四起，雖有要求他負責下台，但音聲薄弱。」

燕京山聽了我和前面一些意見，大多不表樂觀，似有點洩氣。倒是尹月芬靜靜地在一旁，一面忙著要煮咖啡給大家喝，偶爾靠在燕京山身邊聽大家的意見，現在她把燒好的咖啡每人送上一杯，我啜一口，接著補充說：

「宣言內容不是蓋的，那李登輝的十大罪狀就是實情反應，命中要害。對各政黨期望也中肯，既不偏某黨之私，也合乎世界潮流，顧及全體中國人的利益。學生時代燕京山文筆就好，你寫的東西，我們放心。」

燕京山聽我一說，他臉上泛著得意的笑容，正在此時，汪汪說道：

「東西好是另一回事，能否產生預期成果是另一回事，兩者無必然關係。」

這句話說得大家都點頭，燕京山也不得不承認事實便是如此，他只得把兩手一攤問大家：

「討論問題總得有個結論，宣言要不要送出去給媒體披露？」

送與不送似乎都有明顯的不當，送的話，不僅勢單力薄不能產生預期效果，也略嫌草率；不送顯得這些大學教授竟沒有聲音，沒有作爲，沒有使命感。安安說：

「可以再保留幾天，觀察各界動向，同時我們回到各自學校也連絡其他人的意見看看。」

大家都同意這個辦法，燕京山雖有點洩氣，但也知道順勢而爲方是上策的道理，只好接受大家的意見。會議在下午四點結束，相約針對本案廣加宣揚，時時連絡。因各自有事，乃打道回府。

9 美國之行　安安「變天」

爲了陪安安到美國開會，十二月除了忙學生的期中考外，也忙些調課、找人代課、請假及安排一些雜事。安安更忙著安排兩個小孩的上學與生活，她老公在新加坡短時間內不能回國，只好叫妹妹黃安明來照料小孩起居，安安就放心多了。

一切都安排妥當後，二〇〇六年十二月底到次年初，我和安安有一趟美國之行，我們充滿著期待。這會是一趟甜蜜之行。

這也是我和安安的第一趟美國之行，月底的星期天，我們是這天大清早從桃園國際機場起程，中間在阿拉斯加的安克拉治做了短暫停留，接著直飛紐約，幾乎是一整天的飛行旅程，著實疲倦，進了下榻的飯店，兩人竟都倒頭大睡。

飯店是事先預訂好的，正好從窗口瞭望自由女神像。只是初到第一天都在睡覺養精蓄銳，莫約睡了六、七個小時，不知今夕爲何夕？

一睡醒來，才發現我和安安已全身一絲不掛，她躺在我懷裡還在睡，潤澤的髮香，雙乳挺實，白膩的酥胸，有規律的起伏，均韻的呼吸。她安靜祥和，彷若是接近傍晚快要閉合的睡蓮。

眼前這般光景，鐵定是我在睡夢之中，手不乖把她全身剝個精光，然後在迷離狀態下就睡覺了。中間不知還幹了些甚麼事？

現在不忍一動，怕吵醒了她，怕驚動了織夢的仙子，見她櫻桃小嘴，似閉似合，情不自禁，把我的雙唇印了上去。她輕微挪動著身子，伸手環抱我，也許隔了太久，激情快速升火……緊緊纏綿，擁吻，吻遍她的全身，從上到下，從裡到外，一切都在寂靜中進行。

在美國，或在台灣，似乎沒什麼不同，一樣是和安安在一起，她在下，我在上。激烈地上下抽動，安安不斷從口裡發出「嗯！嗯！」的嬌聲。多麼地滿足快樂啊！這種滿足的叫聲是世間最美的音樂。

暖身攻勢之後，我決定改換「側深」式，讓安安側躺，雙腿上下叉開，我雙膝跪在她雙腿間，雙人的雙腿成十字交叉。這種姿勢是所有做愛姿勢中，陽具可以插入女人陰道最深的一種。

果然，壯碩的陽具在她裡面進出，她的淫水如洪，緩慢而有衝勁，直插入最深的花心，產生「滋、滋」水聲，而安安「啊——、啊——」大聲叫床，不同於剛才的

「嗯、嗯」，看她那種快樂的極限，無法形容了！如此插動最少二十下，我讓她換趴跪著，身體倦曲起來，我則跪在後面，陽具由後面插入她的陰道，她「啊——啊——」連叫，莫約衝插七、八次，換我受不了，累得往床上一倒，兩口張開，……忍住沒有射精，「金槍」未倒，向上直立。

就在我倒在床上「休息」的同時，安安一個轉身，小嘴竟一口咬住陽具，溫柔地進出，或含而完整包納之，熱火了小弟全身；她或啖之、舔之，我聽到細細「噗哧」嘶唾沫的聲音，還有「嗯、嗯」叫床聲，我開口叫她名字：「安安、安——」。

就在那一點，我認住，把小弟快速從安安嘴中抽出，是爲了暫時「停火」，讓小弟休息，並且換我吃「水蜜桃」。她的「桃子」有一回我乘機觀察，色澤紅潤，桃形完美，水汁甘美，這是她身體健康的徵候。現在光線昏暗，我看不清楚，但想當然也是，因爲這些年她歸我「專用」，加上她平時懂得飲食保養，「衛生條件」第一，此是題外了。

我一翻身，熟練地讓她仰躺，雙手抓住她雙腿往外撥，她情不自主地配合張開兩腿，我猴急地一頭栽進她兩大腿間，吸、吮、舔水蜜桃汁，天啊！如飲甘泉。而她，受不了，全身如水蛇扭動，口中「啊、啊、」輕聲而滿足地叫，雙手抓住我的頭擺動。

約三十秒，我知道她的高潮快到，便放下「桃子」，換陽具插進去，使勁地衝插……先慢，逐漸加速，她叫聲也加速……

安安使盡吃奶力氣把我緊抱扣住，每次的插入都衝到她最深的「花心」位置，已到最後「收尾」，三秒、二秒、一秒，我們停止所有動作。我猛力一射……突然間從「冷戰」進入「後冷戰」，全都鬆了、停了、熄火了。

兩人仍緊緊抱住，喘息、輕輕地、輕輕地，親吻、入睡……

半昏半睡，即將入睡，我想著這些年我和安安的房事感覺：

自己的身子是對方的聖體、美食、佳餚

凡所能飲皆甘泉甜汁；通體疏暢

凡所能聞皆芳香如花，一生難忘的味道

凡所能嘗皆美味美食，天上人間少有

凡汁液精氣水都是補品，打通了二人身心靈的通道

凡能進進出出皆有高潮，靜止不動也能有高潮

以陰補陽、以陽滋陰，增長智慧

眞是靈、肉、性、情的合一交融

我們的交合是世間的經典作品，是人生的自我實現

我和她也幾乎是同時入睡，不知過了多少天長地久，沉睡、沉睡、沉睡……中間又同時醒來一次，仍交纏緊抱在一起，如兩隻糾纏不放的水蛇，或兩株交纏成長的榕樹，分不開了。半夢半昏半睡中，兩人輕輕接吻，舌頭舔對方臉頰，又睡、睡、睡……

在忘我情境之中，竟不知此時為何時！上午或下午！才在慢慢地沐浴、梳洗，並與外界連絡，尋問主辦單位有關「華人文學研討會」的時間、地點、程序等。原來會議有三天，比較重要的是前兩天，而安安的論文宣讀與評論是在第一天下午，所以我們打算前兩天全程參加，之後至少可以挪五天好好去玩，安安欣然同意。

美國我們分別來過多次，這回則是史無前例，兩人同到紐約，第一天便有如此滿意的「美國之夜」。討論過玩樂行程，準備依序把大都會博物館、洛克菲勒中心、聯合國、帝國大廈、中央公園、費城巴的摩爾、自由女神像等地區，列為此次美國之行的景點。我們不想把行程排得太緊。

大約從台灣出發的五天之內，除了旅途、休息、研討會外，我和安安都沒有跑遠，僅到附近百貨公司逛逛，幫安安選購「美國之行」的紀念鑽戒，我們堅信：這是我們

永生永世，生生世世，愛過的信物。晚上在飯店房間內，我告訴安安說：

「永世不悔地愛妳，生生世世在我心中，沒有第二個女人能擁有與妳同樣的地位，今生的愛是『另類』，不久來生將有『正類』，我們就順天命吧！」

她激動地流下眼淚說：

「為什麼現在不是二〇七九年呢？輪迴的諸神對我們不公平。」我告訴她，「我們不是正在努力提前嗎？」

第五天後的時間，我們打算到前述那些地方走走，選定的兩處優先景點。第一是大都會博物館，來這裡專看八國聯軍時，美國人到中國來掠奪的寶物。據安安說，中國有許多「國之重寶」在八國聯軍入侵時，以英國人搶奪最為大宗，美國人次之。待未來中國統一強盛，這些寶物應該回歸中國。第二是聯合國與中央公園。

因為時間不很寬裕，去了幾個優先景點，細細品味，留下記錄，安安都詳細做筆記。晚上回飯店後，安安突然心血來潮地說：

「出門這麼久了，孩子這麼小，實在不忍心。」言下之意頗有自責。

這心情我亦能體會，本來嘛！天下那個媽不是一顆心掛在兒女身上。我心想，我們並未受旅行社約束，完全即興旅遊，來去自如。所以我體諒地說：

「我們未必一次要玩遍各地，可以少去一些地方，提前兩天回台灣啊！」

安安無奈回答說：「也好。」當下我們決定提前回台灣。這一夜，是二〇〇七年初春我們在美國的「最後一夜」，以後是否還有機會來美國呢？只能期望，不敢奢望。關起了門，拉下窗帘，美國和台灣是相同的，一樣的浪漫，一樣多情的安安。我們何必在乎是不是在美國，有情人在那都一樣。

晚上她沐浴後，她把完美的身裁赤裸裸的展示在我眼前，她身上散發的「懾你」香水味又如吸魂的毒藥，很快攻略我的身心靈，想大戰吧！

也許，我所想亦如安安所思。今夜，她要了一次又一次。而我，是百戰不殆的。這並沒啥好自豪，多數懂得要訣的男人都知道，當晚行房的第一次射精後，最少休息兩小時，接著每隔一小段時間若再戰第二回、第三回……其實只要控制不射精，大多數男人都能「再戰不殆」，這是養身養心的重要原則。知此要領，要激發女人的性奮，引爆女人一次次的高潮並不難。

終於都精疲力竭，如兩隻鬥敗的雞，打敗的狗，抱著對方，在不知不覺中睡著了。

第二天，睡得好晚，起來後就整裝打道回國，安慰安安我們隨時可以再來，我們仍經由安克拉治回台灣。美國之行雖短暫，但快活無比，白天晚上都滿意，這是續「宜蘭之夜」後，另一個雙人充實之旅，是兩人生命旅程上重要而珍貴的記錄。誠如安安昨夜所說：

「今生只在乎曾經擁有，不奢望天長地久。」

我則詼諧地說：

「反正我們在二〇七九年就會有實實在在的天長地久，今日的擁有亦是天長地久，一剎那便是永恆也。」

二〇〇七年元月六日，星期六，早晨七點多，我們又意外地出現在桃園國際機場，一星期的中美來回，像一場夢般過去。台灣，是我們的現實世界。接著在機場吃個早餐，回到台北才十點多。

回到學校，也許安安念著孩子，她竟急著回家，我則想在研究室睡一場大覺，晚上很晚再回家。她逕自開車回家，離家才一星期，她似乎感到有些生疏，有些恍恍惚惚的茫昧感。把車停妥後，怯生生地到了家門口……

她在門口駐立良久，才伸手要開門，門沒鎖，安安心想大概妹妹正好在家裡。進了客廳，看見一件紅色大衣掛在架子上，安安認得正是妹妹的，果然妹妹在家。心裡還想著，讓妹妹辛苦了一星期，真過意不去。

客廳安靜無聲，樓上有燈亮著。心想妹妹一定在整理房間，她知道這老姊過兩天要回家了，風塵僕僕，很是勞累，回家須要好好休息，因此先把房間整理好。如此一想，一股暖意上了心頭。

靜悄悄地上了樓梯，看到臥室有微弱的燈光，溫柔的音樂從裡面傳出來。安安心想，妹妹辛苦了，在她房裡休息，聽音樂，眞是難爲她了。現在要給她一個意外的驚喜。安安躡手躡腳，輕輕地要推門，她深怕出聲音把休息中的妹妹吵醒，吸了一口氣、深呼吸，再用手指捏住冰冷的啦叭鎖，旋轉，無聲，輕輕、慢慢推開門……

出現在眼前的一幅場景，險些讓安安當場暈倒，安安有些站不住，一顆心撲通撲通地跳，她緊抓著門鎖支持住身子，眼前已在冒金星。

呈現在安安眼前的場景是：

自己的丈夫和自己的妹妹，正在床上幹那件事，就是做愛，清楚地看見，丈夫在上，妹妹在下，激烈地起伏，妹妹輕微的叫聲……

剎那間，床上的兩人似乎直覺地感受到空間內，有什麼狀況改變，愴惶翻身下馬，抓起床上東西遮掩住光溜溜的身體要處，六目相交——六隻眼睛全傻住了。

這一秒間，整個室內時空已全部凍結，三個人在原地驚駭無狀，僵持著。六個眼神，有惶恐、疑惑、悸動，有震悚，文字不能形容其萬一，愕然相視著。

凍結狀態至少過了一分鐘，安安從僵住的場域中慢慢醒來，她悲哀欲絕，雙淚已下垂，只覺眼前一片朦朧，但她聽出有聲音了……

「對不起，安安，我不是故意的。」這聲音冷冷淡淡，安安聽出是她先生在說話。

「姊！對不起，我只是想為妳解決一些問題。」妹妹的聲音，可憐楚楚又無辜的樣子。

安安不能面對，也不知道如何應付眼前局面，她轉頭向後就跑，背後傳來「安安、姊」的喊叫聲音……

原來，她老公蔣瑜，因為在新加坡的事業有了問題，他緊急回台灣尋求協助之道。事前大家都知道，安安去美國開會，前後最少要半個月才回台灣，而蔣瑜在上月二十八號深夜回到台北，孩子們都睡覺了。安明為遠道回國的姊夫做些宵夜，安明也陪著吃，邊吃邊聊。

蔣瑜聊到事業面臨的危機，充滿無助無奈感。聊到和她姊姊安安的婚姻關係，不勝感慨，聊到夜更深深，道出更多不為外人知的祕密，安安已多年不和他行房，兩人生活愈離愈遠，蔣瑜也情不自禁，大顆大顆的眼淚掉了下來。

黃安明有些心慌，同情，或說心軟吧！她是善良的好女孩，她安慰著姊夫的情緒。從未見過姊夫如此傷心難過，關於他們的婚姻關係也從未聽姊姊提過，多年來偶有一、二次小吵，也很正常，不致於使婚姻惡化到這般地步。依黃安明的經驗和直覺觀察，姊夫應算是一個好男人，他努力工作，生活正常有序，還會幫忙做家事，愛家，又愛孩子，從無桃色新聞。

黃安明也知道姊夫的家世背景算是不錯的，但他一向自立自強，絲毫沒有綺襦紈袴那般氣息，而且身體強壯，每天有運動習慣。姊姊長期不和姊夫行房，難道是姊夫「那個」不行嗎？絕不可能，安明這樣想著。

唯一可以說姊夫的缺點，是他比較沒有情調，對女人稍欠那種體貼的關愛，對啦！就是「惜玉憐香」嘛！還有姊夫的情緒起伏很大，常莫明發脾氣。但人不是完美的，多少總有些問題。從另一個角度看，這何嘗不是對姊姊的一種「保障」呢？安明沒想到會在這個寧靜的深夜，與姊夫邊聊邊想這些問題。

黃安明又把思緒拉到姊姊身上，是不是問題出在姊姊，也不可能。姊姊教學、研究，生活單純正常，對家庭負責盡職，但如此對待姊夫似有欠公平。安明內心覺得姊夫應該得到一些補償。

當夜，事態在糊裡糊塗的發展中，黃安明竟用了自己的身體給姊夫當「補償」，事情就這樣發生了，如此簡單的邏輯思考。往後幾天，二人反正安安還沒回來，蔣瑜偶爾出去辦事，安明打發小孩上學，大多數時間兩人乾脆暱在一起。烈火一旦點燃，一個是多年未聞「肉味」、四十幾歲的男人，一個是尚未經男人「開發」，突然之間似情竇初開，三十多歲最是需要的女人。這下子，天雷勾動地火……

燃放的火種，漫延開來，正是「如虎如狼」，一再交合，那裡是人世之間這些所謂倫理、道德及社會規範所能約束得了的。就是提一桶冷水澆上去，慾火也止不息。沒想到安安和李明輝隨興旅行，提前回國，結果就碰上這一幕慘不忍睹的情景。

安安看不下這一幕，沒命地轉頭就跑，開車上路，這時候她慢慢地回到理性世界。她問自己：「往何處去？」最合適的地方是到學校研究室找李明輝，他有解決問題的能力。

午後的週末，校園已是一片寧靜。李明輝正在睡大頭覺，安安來了從夢境中驚醒。一進門，她面帶悽愴，沒說話就掉下兩行眼淚，加上沒有休息，勞累憔悴，李明輝一陣心痛愛憐，先就擁抱著她，安慰她。

同時李明輝也已感到驚愕，定是發生了什麼大事，才會使安安如此難過。

穩住了安安的情緒後，她把所見向李明輝描述一遍。李明輝也快速地理出頭緒，但他知道要使安安沉靜理性些，事情才能談出結果，他讓安安喝杯茶，吃些東西裹腹。

李明輝看差不多了，試探地問安安道：

「依妳的看法，這件事情的嚴重程度，是不是達到離婚的地步呢？」

安安的答話明顯的理性多了，她說：

「應該沒有，如果爲此離了婚，我和妹妹從此也成了路人，以後如何相處？但也要看未來發展及現在如何處理，如何善了比較重要。」身爲當事人能有這樣理性分析，不得不叫你敬佩。

李明輝聽了安安這樣說，已如吃下一顆定心丸，事情定能如安安所願的「善了」。但黃安明和她老公之間的關係，到底是突發狀況，還是長久發展的結果，這裡是問題的關鍵。李明輝又問安安說：

「妳妹妹所說只想爲姊夫解決一些『問題』，用她的身體給姊夫補償，是臨時起意，還是早有感情基礎，妳是不是有所不知？」

安安自覺得很瞭解狀況，她明確而肯定地說：

「確定這是突發情況，妹妹一時糊塗，事情就是這麼單純，向來都沒有男女情愛的成份在內，我可以很肯定地說沒有。」

我於是安慰安安說：

「妳妹妹果然是一個善良的好女孩，只是要防止他們有任何進一步發展，以免對許多人形成傷害，就端看現在如何了結才是叫『善了』了。」

安安同意我的看法，但她有些遲疑道：

「看似容易，實際上有困難。」

我知道安安現在內心想什麼！才說「實際有困難」，因爲安安和老公的婚姻關係，不論如何發展或改善，都只能止於「不滿意但可接受形式的存在」的勉強維持狀態，這個缺口正好是老公和妹妹的生存空間，不論今日如何「善了」，未來他們重新點燃愛慾之火的可能性是存在的。所以我也明白說：

「眼前先善了再說，只要他們不是那種男女的情愛，未來應無問題。」

安安也只好做如是想了，樂觀一點日子好過，安安問道：

「那現在怎麼辦呢？」果然安安是當局者迷了，眼前這步棋要如何走法？安安困惑的表情亦是惹人憐。

先前我心裡就有了腹案，安安的父親出面最適當，有長者風範，行事嚴謹，一言九鼎，甚得後輩尊重，所以我告訴安安說：

「快打電話告知妳父親出面擺平，並請父親親自打電叫黃安明、蔣瑜到父親住處，妳也快過去，由父親主持和解，定能圓滿善了。」

安安也覺得這是一個好辦法，她臉上再度綻放出些微信心光彩。我安慰她，給她力量，她笑了，親眼看她撥出電話，向老爸報告全案及處理方法，她爸爸也同意安安的構想，全力協助善了。

安安放下電話，我讚美她，抱她，吻她，問她：

「前世今生還記得嗎？」

安安說：「記得，我不恨妹妹。」

我催她快去父親那兒。

望著安安出門，她回眸淺笑，幾分懊悔或無奈，卻依然嫵媚。而我，內心惆悵，不得不去思考一個比自己生命更重要的命題：安安的未來，她的幸福。

幸福，應爲女人的最高價值標準。

10 原點：紅粉知己

從安安「變天」這二日來，不，應該說從燕京山與尹月芬這對組合出現後，我就開始重新思考這個現代社會的大問題。普遍性的「外遇現象」正漫天匝地地散開。一般我們談外遇，總把重點放在工商界生意人、演藝圈，有錢的大少爺、小開等。其實文教、公務員、軍人這些形象看似清新者，在「後現代主義」衝擊下，也是不甘寂寞的，比較正確的觀察該是正在氾濫，也許明的幹，也許暗中搞。

就像我們這群大學教授，外界看到的是知書達禮的一面，搞起外遇也是「輸人不輸陣」的。這顯示傳統婚姻正在崩解，一種新的兩性價值觀正在形成。

這到底是社會發展，還是社會變遷？或者是社會問題呢？再普遍下去，是不是危及現在的婚姻制度，甚至整個婚姻體系的瓦解，最後絕大多數婚姻關係都是名存實亡，大家就把責任推給「現代化」，說是推行現代化的結果。

當然你可以從另一個角度看，某些外遇現象確實不危及現有婚姻關係，它可以協助維持婚姻關係，減少離婚率，進而減少不幸兒童和不良少年。就社會觀點，外遇還是有另一面的意義與功能，如汪汪和蔡麗美、我和安安這樣的組合。

我們可以說有的外遇造成家庭重新解組，有的是維護家庭免於解體。從目前氾濫的態勢看，後者多於前者，故外遇若不導致家庭傷害或解體，正面的社會功能應受肯定。我美其名曰：「後現代主義新婚姻關係。」

並非每一個組合都能把事情處理得很圓滿，有些外遇雖然也能不危及婚姻關係，同樣也難免有傷害，這可能與當事人的理性程度有關，例如情緒化會降低對環境的判斷力。我和安安這個組合是很特別的個案，假如我和安安關係依然親密，則她妹妹安明和她老公蔣瑜就有引燃情愛火種的機會。

安安是我前世、今生及來世所愛的女人，至少在這一世我不要她受到傷害，或給她困擾。愛她，是讓她幸福、安全，不要傷害她。對安安，我是放開或抓住，眞是難以抉擇。

上面所考量的林林總總，最近都和兩個死黨深入討論，諮詢他們的意見，汪汪談到他自己時就信心滿滿，興高采烈地說：

「放心，我和蔡麗美過著幸福美滿的日子，未來也是，不會有問題，至於家庭嘛！我一向是負責盡職的男人。」汪汪顯然安排得很好。

燕京山在兩個王國裡都當皇帝，安全且無後顧之憂，教學之餘，有不少時間投入司法改革及社會運動，他在電話中快樂得不得了地說：

「放心好啦！兩個女人對我都無任何要求，一切在控制中，不會有任何不良作用，更沒有傷害。」燕京山眞是前世修的福氣，不過我依然牽掛著他老婆江蘭姿，我嚴重警告燕京山，不要傷害了她，大家和她也是老同學、老朋友，都有一份深厚的交情。

經多次談話，與汪汪和燕京山一再酌情論理，都認爲若爲安安幸福著想，我和安安的關係確實有必要稍加「調整」，使整個外環境因素先對安安有利，安安進而才能調整和老公的關係，她妹妹對姊夫就沒有任何遐思，她老公對小姨子也易於斷了念頭。我，成了這整個局面的核心，處於這全般態勢的戰略地位。爲了安安的好，我願意調整心態，調整我和安安的關係。如何調整才能順利圓滿，成爲我的難題，事情如何讓各方滿意呢？

從元月六日我和安安從美國回來，發現安安家「變天」，我指導處理，這一連串事情，讓我整整思考了三天，包括求助於兩位死黨。

其實第二天安安就告訴我，星期六那天她趕到父親住處時，老公和妹妹早已主動先一步到，並在父親面前跪下悔過。這表示他二人誠心改過的決心，她老爸常叮嚀這些中年後輩，人過而立之年，成長與進步完全來自反省，靠外力壓迫長進是很難的。這兩人在「犯案」後，能立刻反省問題，謀求改進，她老爸就是欣賞這種人。

老人家平時嚴肅，這時碰到如此大案，卻反而仁慈地不忍加以苛責，就是樂見他們知錯能改的態度。

她老爸唯一的要求，是以後不得有進一步發展，並要求二人當成「戒律」遵守，否則對姊姊、對小孩，甚至別人，都可能是很大的傷害。二人保證沒有以後。

我聽到這一段，爲安安放心許多了。

最後的問題，是我，我，成了問題。

我採用的辦法是直接對談、研究、討論，而不是逃避或退卻。針對問題，尋求可能的解決方法。

我們還是找到一個「開會」的機會，到「老地方」汽車旅館待了一天一夜。一進門，是無法避免的擁抱——親吻——做愛——一回合——二回合……最不能抗拒的致命吸引力就是和她做愛，及過程中她口交的功力，那種滿足，實在比當部長、將軍、校長或任何財寶更值得。突然間，我又覺得像安安這種「女人中的女人」「極品」，怎能放手？簡直笨蛋。

兩人一覺醒來已是第二天清早了，不知昨晚戰了幾回合，邊做愛還邊飲了一些酒（以我嘴含酒吻時送入她口中助興），到早晨還有些醉意的樣子。

窗外，有一片翠綠茶園，但我想著如何談我們的關係，安安的未來！

這實在是一件很難的事，明明手中握著「世間珍寶」，就像革命家終於拿到國家大位，卻要拱手讓人。古今以來只有孫中山做到了，我又不是孫中山！？

窗外，有鳥聲、蜻蜓、蝶影，這個氣氛最適合撫慰安安和我此時的心情。論煮咖啡安安是高手，泡茶我內行，這裡就由我來操盤，替安安斟一杯熱茶後我先說話：

「這次妹妹的事能如此圓滿解決，對妳是很有利的，至少未來是很樂觀才對，但總覺得存在某些變數。」

「變數來源在那裡？」安安反問。

「我們兩人。」我直接說了。

安安的答話讓我有些意外，因為她似乎感覺我心中想要說什麼，這或許是女人特有的敏感，加上我們那種「知心」關係，正是所謂的「心有靈犀一點通」，她不疾不徐地說話：

「最近這些時間，我一直覺得你好像會有某種變動，或關於我們之間，你要告訴我什麼？我沒問，我用心在解讀你的思想脈動，用靈去領受你的神情意念，用血肉來感受你的距離與溫度，由相解讀你內心的困惑。」

安安在課堂上不論講中國文學或西方文學，都是堂堂爆滿，她觀察入微，表達力強，人漂亮，有媚力，她講中國古典文學時，連窗戶上都爬滿了人，實在是有道理的。不過今天我想慢慢引導她進入主題。她說話時，我微笑，目光直視她那烏溜雙眼，她說完，我把話稍岔開說：

「安安，我們放眼現代社會的婚姻關係，有沒有是完全幸福美滿，完全滿意的？」

「應該沒有，這只是程度問題。」安安說。

安安的觀點很務實，也很學術，接著我告訴她：

「非常正確，只有古代或很典型的傳統婚姻，是一面倒的，才有所謂的完全幸福美滿，在現代社會是沒有的，在現代社會女人地位有了提昇，她和男人的關係就已突破『零』對『一百』的『零和狀態』。」

「但是多數女人，甚至部份男人，還是在追求幸福美滿啊！」安安說著，有些不解。

我答道：

「所以囉，這是一個永遠達不到的目標，設訂一個追求不到，甚至不存在的目標，是許多這類人的不智，包括我們。」我逐步切入問題，安安兩眼凝神注意聽著，她啜一口茶，紅色唇印留在杯上口，我斟上熱茶繼續說：

「現代社會的夫妻關係沒有一面倒的，不可能丈夫是完全的主宰者，太太也不可能。換句話說，沒有誰必須要完全聽從誰的。當然，暴力家庭是例外。」

「但是，日子得過，多數夫妻關係仍須維持，成爲雙方都能容忍的局面呀！」

我啜一口茶，把嘴巴東西囫圇嚥下說道：

「當然，完全看雙方如何妥協，我們看每一對男女，從婚前交友、談婚嫁、結婚、婚後生兒育女、夫妻相處，這長期過程中，每一個階段都是妥協後的結果，是離是合，也是妥協中的產物。我們美其名曰：『妥協的藝術』。」我好像在演講了，侃侃而談。

安安聽得吃吃笑了，她剝一顆瓜子，用食指和姆指捏著送入我嘴巴，我故意用牙咬住她的玉指，用嘴含住。她手也不伸回，手指在我嘴裡撫動不乖，對著我「巧笑倩兮，美目盼兮」。我張開嘴巴，她手索回，嬌媚地說：

「那婚姻關係不就成了政治談判。」

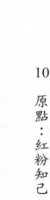

我又一本正經地說：

「對了一些，男女在婚姻過程中的妥協，是基於情意考量。政黨或政治間的妥協，是基於利益分配。你可以這麼說，政黨之間是純政治妥協，婚姻關係是『準政治妥協』，夫妻之間許多事情都是妥協出來的，政治味道很濃。」我快懷疑自己是在講政治哲學了。

安安對我的看法頗有同感，她又剝一顆瓜子送到我口中，我問她：

「不論談現代婚姻的本質，或夫妻間的妥協，我都把重點放在盡可能維持家庭的完整，妳知道爲什麼嗎？」

安安似懶得多想，又把問題丟給我，做了個鬼臉就答說：「不──知──道──。」還字字肯定。我順口就接著說道：

「家庭功能是最重要的考量，如人們成長過程中的社會化、情感寄託、性的規範、子女教養等，只有家庭能對這些做比較滿意的交待，各種類型的外遇組合，汪汪和我們這樣，雖也有一些社會或個人的功能，但仍不能取代家庭地位。」

「這麼說，人人都應該回歸到家庭嗎？」安安有些疑惑了。又補道：「我們二人不存在妥協或誰是主導。」

我答道：

「這未必是，有些人獨身主義，反而更能創造出更高的價值，更高的成就，使人生更有意義。但對於已經組成家庭的人，或想經由家庭與婚姻得到幸福美滿的人，回歸家庭是走向『準』幸福美滿最近的路。」

安安反問：「離開家庭就沒有幸福嗎？」

我簡單說：「有例外，汪汪，回家成了不幸的男人，離家和蔡麗美在一起就是幸福男人，我們情形差不多。但畢竟這是例外，是不得已。」

安安豁然開朗，似有領悟，她順手拿另一包茶說換「鐵觀音」，她小時候常隨侍父親泡鐵觀音，長大喝鐵觀音成了習慣。我替她斟好新泡的鐵觀音，她啜一口說：

「我知道，人要眞正找到幸福美滿，應該向內回到家庭中，而不外求。」

我答：「原則上是。」停一下再補充：「內心轉變，非外物追求。」

但安安又提出了問題，並直指我們自己的親密關係，卻欲言又止，轉頭看看外頭滿漂亮的風景，近處有花。思考片刻說：

「我們的關係發展到現在，感覺很好，很有幸福美滿的感覺，好幾次你說『愛妳，前世、今生、來世都愛妳。』我也肯定是這樣，你說這不叫愛，又叫什麼？」

安安的心情有點低沉，我用胳膊挽住安安的頸部，順勢讓她傾靠在我胸前，我的雙手摟住她的兩肩，「相看兩不厭」。她全身裝作軟綿綿，讓人更深深感受到「軟玉溫香」的柔美，她的眼角泛著淚光，我低頭吻她的額，吻她的眼，吻她的唇。她有些激動……

明知把話往下說，定會刺痛兩顆心心相印的心，我挪開了唇，繼續說，她不語靜聽：

「我們之間的關係肯定是愛，而且愛得很深。但我們現在不是夫妻之愛，也不是朋友之愛，更不可能是單純的性伴侶之愛，也許該說是知心朋友，用『紅粉知己』比較恰當。」我的嘴在距離她的雙唇只有一寸的位置，輕聲細語地說，還把「紅粉知己」四字加重語氣。

安安聽到我用「紅粉知己」形容兩人關係，她的眼神泛著滿足的微笑，因為這是夫妻關係之外，男女關係中最親密、完美的組合。她還是噘起小嘴說：

「為什麼不夫妻又是紅粉知己呢？二者重合多好。」言下之意竟有些感嘆，我知道這是明知故問的。我解釋這其中的社會因素說：

「男人的同性知己都在高中以前，之後因為競爭關係，知己轉向異性，這個知心的女人絕少是自己的太太，而是另一個稱『紅粉知己』的女人。角色換成女人也一樣，知心的男人絕少是她丈夫。」

「這麼說夫妻關係之外，若也有紅粉知己，是可以並存，並各自發揮應有的功能嗎？」安安有點頑皮地說。

「從社會上出現的實況觀察都是如此。」我說。

安安聽我說完，抿著嘴笑而不出聲，我問「笑什麼？」她不答，吞吞吐吐說著：

「紅粉知己能不能夠……那個……」她欲言又止，比手劃腳，我領會她的意思答道：

「初期的紅粉知己通常不會有性關係，但人的感情是有變數的，誰也沒把握永遠拿捏得準。如果雙方能考量對方的家庭美滿，就應保持在沒有性關係的紅粉知己範圍之內。」思考片刻，我再補充：「實際上能叫紅粉知己的，必有性關係，極少例外。」

「那我們呢？」安安直逼事情的核心了。

我盤算這個問題已有半年，最近和汪汪、燕京山研究如何調整我和安安的關係，這裡就是一個關鍵。假如我和安安保持沒有性關係的紅粉知己，對安安未來的幸福美滿應是有利的規劃方向。明知這是複雜的難題，只好簡化地回答：

「在今天之前，我們是有理性關係的紅粉知己，在本階段我們有性關係，提昇了幸福美滿的品質。妳老公和妹妹的事發生，假如我們仍維持性生活，妳和老公的關係不易改善，他們有機可乘，對妳會是個威脅，所以以後……」說到這裡，安安的眼角又泛著淚光。

「無論如何，我們總是紅粉知己。」我這樣安慰著，她掉下兩顆淚水，我摟她在懷裡，在她身邊輕說：

「前世結緣救一命，今生還是只做紅粉知己，來世終究會是合法夫妻。輪迴大道半點不由人，不論前世、今生或來世，我們定都曾經擁有，這也夠了，是不？」

我又補充道：「既然是紅粉知己，妳想要的全都給妳。」

她打趣說：「我也是全給你了，人都是你的。」

我們相視不語，片刻，親吻……抱起她，輕輕地放在床上，已經纏繞在一起了……

兩隻獸交纏、扭動……沉睡……甦醒……交纏……享用這人間「極品」……入睡……半醒……享用……吃水蜜桃……啊——

不知睡了多久，大概天長地久，醒來時，安安說她餓了，我知道這附近有好的美食餐廳，我也需要補充能源，準備再戰。

11 世紀競爭大奇謀‧綠營泛紅

二〇〇七年是很黑暗的一年，不，那年不黑？

二〇〇七年也是最有希望的一年，不，那年不是「最」有希望？最有希望、最黑或最光明，端看對誰或對那個陣營而言。

對我和安安，或汪汪他們，也都是幸福美滿的一年，每天快樂得不得了。我在學校附近的大廈買一個二十坪小套房，別以爲小，房價裝潢花了九百萬，全以安安需要打造，把安安「藏」在這裡，每週我們總在這窩裡渡過一些良宵，這種快樂就不用再形容了，寫不出來。

五月，地球暖化的關係，已經很熱了。

有一天，我的手機響起，傳來的聲音，一聽就知道魔諸葛阿成。他直接問：「明天晚上有空嗎？」

我簡答：「有」，再問：「甚麼事？」

他說：「明晚七點在人民之家見，一定要到。」

我說：「我已不負責執行任何任務了。」事實上是我不想助紂爲虐了，台獨搞過火了等於把人民推入火坑。

魔諸葛說：「來聊聊嘛！保證合你胃口。」

我無精打彩說：「好吧！」剛才提到的「人民之家」，是大頭目祕密行宮之一，大頭目和兩個漂亮的女立委搞關係，度春宵都在「人民之家」，我們「三諸葛」以前策劃那些見不得人的事，都在此處。所以，所謂「人民之家」，只是利用人民。笨啊！人民，誰說眼睛是雪亮的，台灣人民眼中都是「塞」，永遠看不清台獨是玩假的（有，最近那老蕃顛李登輝說了）。

七點，我準時到「人民之家」，魔諸葛阿成、死諸葛阿義、我邪諸葛李明輝、大頭目跑腿游公，四個人全到了，沒有外人（人民之家「主任」是大頭目心腹，從不參與會議，只負責人民之家管理）。這位置不能說，只能說在「圓山指揮所」附近，管制嚴密。

眼前有五菜一湯和一瓶酒，據阿義說全是「頂級」的，光是那瓶酒好幾萬。唉！在人民之家，飲人民的血，算了，題外話。

大家邊吃邊聊，阿義酒量好，喝得差不多了，首先「放話」說：

「大家都知道台獨玩假的，既然是假的，各位放輕鬆，就像玩家家酒，要玩得快樂，對吧！人民要甚麼？我們就給甚麼？這叫市場法則。」

游公附和：「對啊！當然要玩得快樂，要有大利可圖才快樂，有大利多，就有銀子撈，有女人抱，很實在吧！在座有人能否定嗎？」

大家笑成一團，阿成接著說：「對啦！幾年前我們都說過了，我們是生意人，那裡有利那裡走，不要自命清高說我們是政治家。台灣也不是政治家的產地，台灣從古到今都只是個『武林擂台』，各使手段吧！目的就是整碗端走，我們才有機會在這裡吃香喝辣。」阿成說的也對啦！沒有大權力，那來榮華富貴？

「啪、啪」阿義鼓掌叫好。

「好啦！我最早說的，我們都是政客。」游公的台灣國語一出聲，大家都點頭，確實他最早說大家都是政客，五十步百步之差而已。

只有我的心情最複雜，最早他們打台獨牌時，我主張適可而止，以免弄假成真，會死很多人，結果他們走火入魔。阿義最了解我的心情，以前大家也曾很「良心」地說過「統一牌利最多」的話。大家在看我——看我說甚麼？我啜口酒，笑而不答，還是阿義替我說了：

「今後我們要打統一牌」，大家好像心裡有數，老早知道底牌的樣子，後來不出我所料，「統一牌」是大頭目和幾個心腹研究很久才定案的，現在只是阿義奉大頭目之命，和我們商討過程，細節慢慢再詳加策劃。

阿義又說：「我簡化任務成兩個要綱：二〇〇七年要策劃李登輝以大頭目特使身份訪問大陸，談統一。二〇〇八年要透過抹黑和嫁禍，讓泛藍徹底崩解，大位拿到後，也是和中國談統一，我們也不想戰爭，而且談統一是我們獨派的專利，泛藍那些腦子不行，提都不敢提，誰敢提就送頂賣台大帽子給他，只有我們能『賣』台，而能賣的合法，賣出好價錢。」阿義邊說邊看我，想聽我看法。

我說：「打統一牌我全力配合，若賣台眞能賣出好價錢，有好處政客都想撈，但總留些給人民，對台灣人民利多，我也不反對賣台，能賣到最高價最好。」這話我也說得冠冕堂皇，老早大家也評估過，和中國統一，台灣每年可省一兆台幣，平均每人每年可拿五萬元，拿一輩子。阿義老早解釋，台獨只有二十年市場，過了就得下架，換賣統一牌商品，這才是智者。

阿義首先和大家解釋第一要綱，「李登輝以大頭目特使身份訪問中國」議題。按目前（二〇〇七年年中）態勢看，李想先我們一步訪問中國，一者想奠定台灣政壇「天王」地位，二想重新定位他在中國歷史的地位，因他來日不多了；三是他知道統一牌的利多，所以先打出反台獨，贊成統一的牌，企圖吸引泛藍，並出馬整合台灣各陣營。

按大家的看法，絕不能讓李登輝整碗端走，甚至半碗，一粒飯也不能拿走。解決這個問題，是李只能以大頭目「特使」身份訪問中國，傳達大頭目的意思。他和大陸有任何「承諾」，都必須在我們的規範之下。

游公加強語調：「不能越軌，若他不從，就把他打成反動、賣台，他還有貪污案在我們手中，不怕他不從。甚至我們可以弄一個女人進他的住所，設計成李強暴婦女，且鐵證如山，辦法多得是。」游公的說法是可能的，甚至設計成李強姦少女也可以，不難。

我覺得很可怕，但古今政壇確實許多如此，眞無奈！所幸這個任務不須我做任何配合。但想到「逢滬祥強姦印庸案」、「城仲模帶女人在汽車旅館事件」，都是這樣「做」出來，隨時可以把對手處理掉的，不知何時輪到自己頭上呢？

談到第二要綱「二〇〇八抹黑和嫁禍崩解泛藍計畫案」，可以說大家費心思最多的案，其複雜和風險也不低於「三一九」案。阿義講得眉飛色舞，這裡還強調：「有大利多，事成後各位想要甚麼？都只管開口，包含大別墅。」

根據「抹黑」計畫，針對泛藍號稱「清廉百分百」的總統大選候選人，就謀略觀點，天下所有自以爲清白神聖的人，絕對可以被抹黑，至於「人證、物證」，全都可以「創作」出來，到時罪證「確鑿」，所有貪污腐敗的證據攤在陽光下，各大媒體拚命報導（抹黑）二個月，聖人或偶像天王也會成爲腐敗份子，成爲「過街老鼠」。當泛藍候選人進入這個困局，不垮也難，到時「整碗」都是我們的，天下誰人能奈我們何？大位歸我，情治軍警受我等控制，誰能奈我何？百萬上街有屁用！

討論（大多是聽阿義簡介）過程中，大家不忘喝酒。會後每人送一打金門陳高，是金門司令官進貢的上品。金馬司令和將領，老早表態效忠，否則全別想混下去。

啓動抹黑計畫（代號是『人民的心』，簡稱『民心』，或『民心計畫』都可以），時間會在二〇〇八年元旦過後。到時台灣各大媒體的主標不外是：「泛藍總統候選人貪污十億元台幣」、「泛藍副總統貪污二十億元台幣」、「泛藍吃人民血汗錢數百億」等。

我質疑證據的「創作」，有多少可靠性？魔諸葛阿成說這部份由他負責安排，在國安局、調查局和情報局都有死忠心腹，到時叫他咬誰就咬誰，證據也能隨時提供（製造）。這種新聞在全島媒體拚命報導兩個月，泛藍還要選嗎？恐怕連泛藍自己的投票部隊也跑光了。到了大約二〇〇八年三月初，抹黑計畫已使泛藍陷於崩潰之際，再啓動嫁禍計畫（代號是『人民勝利』），這是致命一擊，泛藍的政黨組織可能從此解散。以後台灣再也沒有藍綠問題，只有我們和中國談統一的問題。

何謂「嫁禍計畫」，即「人民的勝利」？這下阿義講得更得意。按阿義的構想，對付「聖人、偶像」或清廉忠貞之士，打垮他的方法不外錢和女人。抹黑計畫在錢，嫁禍則女人最好用，如果設計、安排均得當，〇八年三月初，到大選前，台灣各大媒體主標題是「泛藍總統候選人姦殺台大女生」、「泛藍某天王級偶像姦殺台灣大學林姓女學生」、「林姓女學生屍體尋獲」、「衛生紙和女生內褲上的精液正在檢驗」等等。

話說到這裡，全場一片鴉雀無聲，我察覺阿成和我幾乎倒抽一口氣，同時問道：「我們眞要搞死一個台大女生嗎？」

阿義口氣嚴肅說：「確定，這是必要的犧牲成本，不死人那有證據？死人才能產生致命效果。打開人類歷史，當年北越統一南越前夕，策動和尚引火自焚，使美軍兵敗如山倒。美國獨立戰爭時，爲升高反英情緒，也殺害女學生嫁禍給英軍。我們中國人從武王伐紂開始也常用這招。好用啊！百試不爽。」

我表達不同意見，殺害一個女生是大可不必的，我們一樣可以打統一牌。阿義表示大頭目已下定決心這麼辦，沒有我要配合的地方，所以也和我無關，這部份由阿義親自操盤。我另外質疑，「媒體不是我們養的，會全面配合嗎？」在坐的阿成，游公紛紛表示：這個簡單啦！

阿義繼續簡介，「自由時報就是我們養的，他們會率先配合，我們叫他咬誰就咬誰。至於其他媒體也不難，有血案、有人證、有物證，不怕「牠們」不吃，大家要知道媒體的本性（民主社會中）是嗜血的，我們所安排佈局的情治人馬會隨時「餵食」牠們。血淋淋的證據在眼前不怕牠們不吃，不怕人民不瘋狂。部份的統派媒體不須顧慮，他們有的變質，有的被我們收編，有的會自動關門大吉。」

「嫁禍計畫在媒體大炒二至三週，到投票日前二天，關鍵性證據『衛生紙和女生內褲上的精液』已經證實，DNA比對也沒問題，你說這不就是『人民的勝利』嗎？二〇〇八的大位誰與我等爭勝呢？」阿義說得來電，舉杯敬大家說：「來，乾一杯，到時你們想要甚麼？」

我心頭在納悶，也有疑問，今天晚上說了幾小時了，都沒有要我執行或配合的地方，找我來幹嘛？但我並不出聲發問，只和大家聊些「五四三」的事。反正我們這組人馬，阿義是帶頭的，他會掌握任務進度。

不出我所料，阿義和游公小聲在商議，似在提醒什麼後，阿義向我使個眼訊，就向大家說：

「接下來要講明輝和他的女人安安的共同任務。」

我一聽到這句話有些意外，丈二金剛摸不出頭緒，安安一向生活單純，與任何立場的政治組織或人員從未往來，更別講執行任務了，我也不希望她涉入我們這些活動。所以我堅定地向大家說：「別把她扯進來。」

阿義答說：「沒把她扯進來，只是讓她和你去香港幾天，住總統套房度蜜月，有何不好？」

我正想問，阿義又說：「我還沒講清楚，阿輝的任務很重要。因爲前面提到嫁禍計畫，到時，二〇〇八年三月十八到投票結束，甚至再早幾天，台灣必定是兵荒馬亂的景場，泛藍兵敗如山倒的關係，中國方面萬一以爲我們宣佈獨立，必然戰火開打，一切都完了，大家也別想吃香喝辣，左摟右抱了。」阿義說著，兩眼看我，又說：「這就靠阿輝了。」

我就不懂了，反問：「我又不能叫老共別打來。」說著兩手一攤，大家異口同聲：「當然！當然！」

阿義又說：「你的任務很單純，只以祕密特使身份，傳達我方誠信，我們搞垮泛藍，拿取大位，固然手段有爭議，但拿到大位後就要和中國談統一，這是明確的，你要很肯定地表明我們的立場。當然，雙方其他次要問題也可以先聊聊，我們有我們想要的，他們也有，這些到時我會告知。」

阿義好像想到什麼，又補充說：「到時對方祕密特使姓名、連絡方法也會告訴你，你和你的女人都以不同姓名和身份出去。」

有些地方我仍質疑，爲甚麼要安安與我同行，我表示了我的疑問，她去做甚麼？總該交待清楚。沒想到當我正表達這樣的疑問時，游公和阿義都露出一副「奸笑」的樣子。游公對著阿義說：「乾脆告訴他吧！」

大家眼光都射向阿義，他故做嚴肅狀，聳聳肩，慢條斯理點燃一支雪茄，大大吸一口，在空中佈下「天羅迷霧」。得意的樣子，又丟給我一支說：

「別太嚴肅，抽根古巴卡斯楚的頂級雪茄，別小看，這可專爲大頭目需要走私來的，光是一根是台幣九百元，你沒見過吧！」

我確實沒見過，我也不甘示弱，開玩笑說：「原來人民的血汗錢是這樣子被燒光的。」說著也點燃一根。

「眞是死腦袋，人民如芻狗，錢當然是我們花啦！辛苦撈到大位就是爲撈取大把銀子花，難道給在野黨花嗎？」阿義說得理直氣壯，無人能否認。

我也只好說：「也對啦！當家的花嘛！」講完，也抽一口雪茄追問說：「到底怎樣？有話直說吧！」說著間，我深吸一口煙，那種感覺，全身通體舒暢，就像和女人做愛一樣爽，難怪一根要九百元。但我抽得有些心虛，人民的血汗錢啊！

阿義環視每人，說：「好吧！」又抽了一口煙，看他爽的樣子，難怪有人說：「飯後一根煙快樂似神仙。」更何況這是世界頂級雪茄，他終於要說了：

「阿輝啊！你那心肝寶貝可能來頭不小，上面查了很多年，只是苦無直接證據，可以確定她是大陸方面人馬。但有一點始終不解，她一直處於沒有作爲，完全不執行任何工作，也不知她身負何種任務？所以我們的情治人員只是監控，想知道她要在你身上做甚麼？」

阿義這麼說，我一點也不緊張，大家都在看我。我也聳聳肩說：「這有甚麼了不起的？她是土生土長的台灣人，她熱愛祖國，她想在我身上幹嘛？頂多是做愛，還能做甚麼？」此話一出，大家笑成一團。

當大家都不笑了，我問：「既然她爲大陸作事，幹嘛還用她？」我是明知故問的，內心忖度這不就是「反問」嗎？

阿義也簡答說：「對手能用、我們也能用。重要一點是大陸方面祕密特使也是一男一女，我就想到你和你的女人，叫她去不是要她做甚麼或談甚麼！而是借重她的漂亮和氣質，可以在你們四人見面時，她所散發出來特有的魅力，所產生溫和及吸引力，對會議有快活的感染。」阿義說到這裡真叫我佩服，沒想到他掌握了這麼多事情，又對安安這麼了解，反使我不安了。

阿義又對大家補充說：「二〇〇八年三月大選前，每個階段都有各個不同的任務管制，我會在必要的時間，分別通知你們每一個人，大家做好心理準備。」

「沒問題！」大家異口同聲說。

阿義最後又神祕兮兮地說：「各位先別急，這行宮的三樓有部長級套房，景觀、設備都是頂級的。你們的女人們都派人接她們來了，阿輝的心肝安安、阿成的香香公主、游公的鐵扇公主，都已在房裡等你們，每個套房冰箱都有頂級好酒。至於我的嘛……嘿！是國家機密。」

正當大家都讚美阿義設想週到，眞了不起。阿義又補充說：「等一下如果有人須要打電話回家報備的，統一口徑是我們在三芝的八號行宮講習。」

「好！大家晚安。」互道再見，都迫不及待的，快步投向自己的心肝寶貝。

啊！美麗的夜，溫柔的夜，這世界只有此刻是眞情，其他都是假意。

12 ○八之春　燹火漫天　族群裂解

二○○八年春天，一、二月間，台北的天空和郊景，大多數時候依然風光明媚，不冷不熱——人心正在沸騰除外。

但就全球而言，可不妙了。伊拉克陷入全面內戰，而那挑起戰火，入侵別國的美軍卻想拍拍屁股走人，仍都陷於當年入侵越南的困境。侵略者始終學不乖，老想垂涎他國資源，一如垂涎別人老婆的男人，眞是可惡！

而伊朗一再揚言消滅以色列，美國也正調兵要進攻伊朗，聯合國和各大強國紛紛反對，連死忠的英國也表明不追隨老美攻伊。小小的以色列一向先下手爲強，正在準備用核武消滅伊朗。神啊！救救地球吧！當神尚未想到如何救，兩件驚天動地的恐怖攻擊已然爆發。

首先，就在二○○八年元月十九日清晨三點（台北時間），想必多數人仍在夢中，此刻，一分一秒不差，美國航空母艦「林肯號」遭受史無前例，毀滅性的恐怖攻擊，整個航艦如一座巨大噴火又燃燒的大火山，大約不到兩小時沉沒在波斯灣水域中，海面又恢復平靜。

按「林肯號」，於二〇〇四年十二月二十四日曾訪問香港。該艦為核動力航母，長約三百三十餘公尺，飛行甲板寬約七十七公尺，排水量十萬噸，艦上有五千官兵，戰機七十餘架，都已葬身海底，官兵生還者無幾。全球美軍立即陷入瘋狂備戰狀態中，舉國驚恐，人心惶惶。

更恐怖的尚在後頭，大約在航艦爆炸後的七小時，即上午十時，美國維吉尼亞州的一座核電廠也受到恐怖攻擊。成千上萬人立即死於非命，該州形同一座大地獄，鬼哭神號，無法形容……

奇怪的是，這兩個恐怖攻擊並非以飛機或外力，而是由內部造成的爆炸，原因至今不明。蓋達組織也沒有承認他們幹的，只有一個叫「伊斯蘭復興陣線」出面，呼籲全球回教徒起來消滅美國，勿使資本主義內涵的美式民主漫延，挽救全球的倫理道德沉淪。奇的更奇，英美情治人員搜索這個組織數年之久，竟完全不知道敵人在那裡？好像那些「基地、人員」不在地球上。

正當美國舉國驚恐之際，「每個石子下都是恐怖份子」，懷疑全球十一億回教徒，似乎都是恐怖份子。就是美國的後門南美，也必被美國懷疑可能資助恐怖組織，攻打南美某些國家可能性升高中。委內瑞拉、古巴和玻利維亞等國爲求自保，聯合組成「良善軸心」（Axis of Good）。

全球各地掀起反美浪潮，三月初的一個國際民意調查，普遍認爲美國是帝國主義侵略者，是危害世界安全的公敵，竟有八成之高；反之，七成人認爲中國是和平伙伴，眞是弔詭！這項民意也高度肯定中國儒家思想，認爲是世界和平良方。

亞洲卻顯得平靜，可能美國和中國已有默契，美軍未來將逐年退出亞洲，北韓已上了談判桌。倒是日本軍國主義高漲，正積極重建軍備，右派報紙經常出現「統一日中朝」、「向大陸發展」、「再殖民台灣」、「聯合台灣右派」等標題，恐怕他們的子民也受到了洗腦。

至於中國，去年底以來軍隊有不尋常的南移，同時對「第二島鏈」建設速度加快，東海艦隊的「K級」潛艦經常在台灣東部海域出現。據聞，中國的太空衛星定時經過台灣上空，我軍隊活動，甚至地面上的汽車都無所遁形。

元月時，解放軍總參謀長王奇和美國參謀首長聯席會主席大衛德森，有過一次會報。據聞，要點就是「若台灣用任何形式改變現狀或台獨，美軍不負責台灣安全，是符合一個中國政策的」。

說到二〇〇八開春以來的台灣，就更熱鬧了，獨派的「抹黑、嫁禍」計畫一波波展開，每個步驟都有計畫地進行著，泛藍那群豬根本無反擊之力。每年的「二二八」都是民進黨和一些獨派擴張戰果的機會，利用活人還要花成本，利用死人最方便，而且永遠用不完。所以今年「二二八」獨派的執政黨者陳水扁親自宣讀一份「二二八宣言」，重點條列如下：

第一條：蔣介石是「二二八」元兇，有關人等應受法律制裁。

第二條：「二二八」受難者家屬不得與泛藍陣營任何人接觸，有之者視同共犯。

第三條：我們不再追求獨立，因爲已經是獨立國家，未來將致力於兩岸和平的追求。

第四條：所有不認同台灣者，限半年內自動離境，半年後仍未離境者，政府不保障他的人身財產安全。

第五條：台灣不排除以任何形式追求和平，包括和中國統一、成美國一州或重回日本殖民。

當這份宣言公佈時，全台引起沸騰，國際指爲搞種族屠殺，李登輝則重申反台獨，贊成統一的態度。我則一頭霧水。有一次大家又聚會，在「八號行宮」講解任務分配和執行，我很擔心大家玩火自焚，要求阿義向大頭目反應適可而止。阿義則說：

「蔣介石百分百不是元兇，眞正元兇是日本。中央研究院院士黃彰健、研究員朱宏源、民間史學家武之璋、戚嘉林等，早在去年（民九十六）二月二十七日已經聯合發表研究報告（詳見次日國內各報），發現日本人蓄意放棄對糧食配給管制，又從日本空運鈔票給在台日本公務員，大肆搶購物資，使台灣物價飆漲十三倍，造成不可收拾的二二八大亂。而美國則是幫兇，老美鼓動台獨叛亂，使台灣失控，美國好接管。」

阿義說的是合乎歷史事實，但爲何要指蔣是元兇呢？領導階層想搞甚麼？針對這個問題，我再問阿義，他說：

「蔣是民族英雄，對台灣有大功，這是無疑的，若無他，台灣在一九四九年就被赤化了。但我們現在爲政治鬥爭，鞏固權力需要，也不得不犧牲他老人家。當年老毛搞文化大革命，鞏固他的勢力，不也把孔老夫子打成牛鬼蛇神，打成反動，不久後孔老夫子不又高高在上嗎？不要死讀書，歷史人物或事件是拿來利用，所有歷史都是現在史。」

阿義說得振振合理，游公吐露說，有一回大頭目拍胸說：「日本、美國是二二八

舊元兇，我是新元兇，你們看，有誰能讓二二八 High 翻天？」大頭目說的也沒錯，有誰能使全台灣在二二八時 High 翻天，只有阿扁有此能耐。果然，去年（民九十六）二月二十八日飛碟電台鄭村棋先生評論時，直指陳水扁才是「二二八」元兇，他把二二八搞臭搞爛。

游公最後還是替自己人阿扁說話，游公認爲不論那一黨派在台灣取得政權，都是只想撈一筆走人。因爲台灣的宿命是沒有明天的，除非和中國統一了，否則內鬥就是「永恆的事業」。游公兩手一攤對大家說：

「我們現在每天吃香喝辣，大小別墅好幾棟，送給女人的名貴鑽戒、套房，動不動幾百萬，這些錢從那裡來？都是我們鬥爭打拚來的。這幾年第一家庭五鬼搬運，最少搞了五十億元，第一家庭成員就是三個月的嬰兒，也已有幾億財產，美國有豪宅，人家吃肉，我們喝湯，這也就夠了，人生還求甚麼呢？」

是啊！人生還求甚麼？我們跟著大頭目搞台獨，鬥蔣介石、搞二二八、搞民營化……確實是獲利不少，那些都是搞假的，只有能獲利才是眞的。阿義也強調這個觀念，接著又補一句：

「那些講春秋正義啦！仁義道德啦！都是狗屁，只有握在手上的東西才是眞正有用，天邊彩雲不如手上玫瑰。」阿義說完，右手握拳高舉，自問：手上握甚麼？

這時大家都在笑，看他講甚麼？片刻，他說：

「握著現金、美鈔、權力、股票、豪宅，還有女人，這些要緊緊握住，其他都是假的，尤其台獨，根本是假貨中的最假，但要像眞的一樣操他，人民才會High翻天，這時就像眞的了！」

確實，〇八之春，國內外燹火漫天，島內更是High翻天。爲了「抹黑、嫁禍」計畫順利進行，並乘勢造勢，地下電台也已啓動造勢。事實上早在公元二千年奪取政權後，就在國安會裡成立「非正式傳媒援助委員會」，凡綠營（或爲獨派講話）的地下電台，每年每一電台資助五千萬元，這些錢在預算中都看不見的，大部份是民營化過程A來的，就是「五鬼搬運」。所以，當綠營啓動「抹黑、嫁禍」計畫時，你所聽到全島地下電台主播內容清一色是：

「泛藍某女立委討客兄」、「泛藍某天王之一的王╳在汽車旅館搞女人」、「藍營總統候選人感情出軌」、「據聞藍營某候選人姦殺台大女生」、「衛生紙、女內褲上的精子已檢驗」……

而對泛綠陣營的報導清一色是：「獨派天王○○到養老院慰問」、「綠營總統候選人下鄉插秧，與農民同樂」、「綠營候選人○○捐十萬給慈善基金會」……

天啊！這是台灣國安會所掌控的地下電台，就是「地上」各傳媒也大多如此，政治力染指之處，無不稱臣聽命，否則別想「存活」。

正當○八之春島內High翻天之際，有一回我和安安到恆春度假（也爲開會），我們在酒店內辦完事。安安說：「看看南部地下電台現在講甚麼？」我任意找，正好一個叫「南台灣之聲」的地下電台，主播自稱叫「王乾坤」，他用台語大唸三字經，大罵泛藍總統候選人。又罵泛藍某女立委討客兄，公佈她住家地址，呼籲「台灣義勇軍」起義建功，燒死她全家。之後，主播說進一段廣告，他又用台灣講了一段廣告詞，大意說：

「來、來、來，大家聽好，這是百味救命丹，目前高雄地區已有幾百人，癌末期，醫生講無救，呷我也救命丹，一個月就好，第二個月就會起來爬山，一罐多少，不多，一罐一萬，三罐兩萬元……」

聽到這裡，安安本來在喝咖啡，笑得一口咖啡差點噴出來。再聽，那主播又說：

「百味救命丹是中國天池和天山上，百種珍貴草藥煉成，查甫查某、老人、植物人，吃這味，一個月一定回復青春，男人女人更年期麻有用，胃痛、肚子痛最好用。」

講完他又用台語說「外省豬都滾回大陸」，接著他要來一段Call in，約三秒，有一個自稱國安會親自授階的「台灣義勇軍南部軍區司令王土木將軍」打電話進來。

「喂！請說！」主播的聲音，接著聽那叫王土木將軍的自我介紹。那位王將軍說：

「上面已經給我明確的任務，高雄地區我負責，外省豬不滾回去，我讓他們全部消失。」那王將軍說一口台灣國語。最後又用台語補一句：

「泛藍女立委討客兄，交給我處理，抓來高雄公審，那是有罪，用火燒死……」聲音突然斷了，我和安安也不想聽下去了。

照安安的感覺，中國歷代一個王朝要結束，情形就如台灣，兵荒馬亂，無法無天，腐敗墮落。這是一個即將要結束的時代。

即將要結束，也表示即將要開始，希望燹火漫天，終有燒盡燒光的時候，燒光吧！有新的開始！

我和安安都在準備香港之行，希望能有助穩定兩岸政局，正確傳達訊息，以免「擦槍走火」。

期待著，有新的開始！

13 香港之愛　兩岸密使談愛

我和安安的香港任務，原本只是單純傳達台灣不搞台獨，而且獨派搞垮泛藍，拿到政權後也是要和中國談統一，建立雙方信任平台。扯不上「愛」，甚麼香港之愛多肉麻，但後來眞的成了「談愛」，這是後話了。

香港任務時間，訂在二〇〇八年三月十六日從桃園中正機場起程，台灣大選結束當日，三月二十日才回台。

起程前兩天，我和安安在「八號行宮」面見阿義，等於是行前任務交待。包括雙方姓名（都是化名，我和安安的所有證件都是新的，我化名王唐山，安安化名丁惠安）、聯絡方法、酒店、房間都安排好了，可見其中已有「密使中的密使」存在，並先期展開準備工作。按阿義對這回香港密使會談，指示過程保持「正常、平常、家常」，就像兩對夫妻老友的碰面，才不會引起媒體注意。當然，雙方所有資料對外都是「絕對機密」，不可能外露。

三月十六日下午兩點，我和安安已在中正機場華航飛機上（此時已改台航）。一上機，大家在找位子，每個位置上都放一份自由時報，標題都是幾個月來綠營啓動的「抹黑、嫁禍」內容。光是阿義那幾個人無法進行如此龐大的「謀殺」計畫，尤其「姦殺台大女生」，勢必情治、監察、法務系統內有人配合。而這些，老早用政治權力打通了，把泛藍幾個天王全都羅織入罪，已到「收網」時候了。

所以，自由時報（其他傳媒也差不多）的標題多是：「泛藍〇〇天王貪污四十億，證據齊全」、「泛藍候選人姦殺大學女生，證據可能已找到」、「鐵案如山」、「監察院介入調查」、「司法院通令逮捕泛藍〇天王」。飛機上的旅客議論紛紛，仔細聽會有許多發現：

「夭壽啊！叫阿扁啊快辦，都抓起來判死刑。」一個老太太用台語說話，他是扁陣營無判斷力的老人。

「有可能嗎？」「無嘛工有，統給他死。」一對老夫妻的台語對答，太太有疑，男的很毒，沒有也要嫁禍讓泛藍死光光。

「自由時報的報導一定是金也啦！」又是一個南部鄉巴老，被洗腦得好可怕。

「不可能，這是抹黑和嫁禍。」這一定是泛藍的，或有判斷力的中間選民。

我和安安找到位置、坐定，安安有些煩，心情不太好。我安慰她「世界一半是黑的，算了，睡覺吧！很快到香港了。」安安果然乖乖地，頭倚我身上就睡著了。

到了香港，因爲第一次雙方會談時間安排在第二天中午，即三月十七日。所以，還有很寬裕時間，我和安安也不想太累，只想輕鬆、快活些。行李放入酒店房間後，我們就出來逛逛，約下午五時的香港，雖車水馬龍，而有秩序，回歸後的繁榮也感受得出來。

香港我們分別各自來過多次，該看該去的都去了，我們只要到百貨公司買此行送給安安的紀念鑽戒和項鍊。依安安喜愛的款式，也不要太貴，她常說：「有心、有紀念性、有美的感覺就好。」我只花了不到三十萬元，就讓安安比美公主，她把項鍊戴起來，人顯得亮麗，我們手牽手散步回酒店。

酒店位在香港北面，臨大鵬灣，我們到頂樓的「明星花園」喝咖啡、看海、談心。她下個月有新書發表會，所以心中想著新書的事，我一看便知了九分，順口問她：

「妳那本中國史學新詮和雪月談心散文集，這兩本可是妳近十年來的力作，一定大受歡迎。」

「希望是，」她輕輕地說，「只是現在台灣出版市場不振，出版社很傷腦筋。」

海風輕吹，天氣也好。安安對咖啡和茶都會有品味，也很會生活，可能頂樓風景好，咖啡香，安安丟開心事，開心了起來，問我：「這酒店的晚餐那一種最好？」

我正在思考，不知道她指的是甚麼？她又問：「我們叫一瓶紅酒，慶祝我們首次同來香港好嗎？」

我說：「有五星級地方、有美麗貼心的情人，怎能沒有好酒呢？」我打趣，用手撫摸她的臉頰說著。

她巧笑倩兮，「噓、噓」示意我小聲些。

晚餐，我們選了法國餐，因爲我們倆都是「浪漫派」，法國餐很慢，講究氣氛，我們早些進餐廳，在酒店的二樓，選了靠窗可以看海的位子坐下。

菜一道道慢慢地上，侍者彬彬有禮又善體人意，讓人感覺很舒服。我們也慢慢吃些特有的美食，先小酌以暖身，我看她笑笑，她看我傻笑，兩人又同時調皮地舉杯，我先說話：

「慶祝我們天長地久，第一次香港之行。」我淺酌，她喝一小口，論酒量安安比我好。紅色的唇印在酒杯上，鮮艷、動人，光看那杯上唇印，一顆心已開始不安份地跳動。我吃她豆腐說：

「上帝一定特別寵愛妳？」

「爲甚麼？」她問。我慢條斯理答說：

「爲甚麼一切的美都集中在妳身上，由裡到外，每個零件都是世間的極品，難道不是上帝寵愛妳嗎？世間還有那個男人不想寵愛妳？我能有妳，眞是千年修的福。」

她聽到我用「零件」，詭異地笑了，指的是那裡、那裡，還有……然後她正經地說：

「或許我命好，也是你命好，千年修的福不是已有證據了嗎？讓你寵愛是我的天命。」說著，她的頭斜靠在我胸前，我的心加速地跳，她指的是催眠和輪迴的事。

我斟滿兩個小酒杯，兩人不約而同地舉杯互祝，也沒說甚麼祝福語，相視微笑，都一飲而盡，然後又看看對方，眞是看千遍也不厭倦。此時，演奏臺上的鋼琴奏起「Unchained Melody」，一位女歌者獨唱，音色優美，扣人心弦：

Oh My love My darling I've hungered for your touch a long lonely time……I need your love……

我們靜靜地聽著，享受這天籟之「美食」，安安的頭始終貼在我胸前，她的髮香、體香，加上歌者 I need your love 的迴響，酒力的驅動，我的手緊握住她的小手，緊緊

不放，沉醉著，沉醉著，這眞是美麗的夜晚，醉人的夜晚

餐畢，約晚上九點多，我們攜手在各層樓散步，看看各種新鮮貨品，不到二十多分鐘，也許喝了不少酒，我們決定回六樓房間休息。也在六樓，也是靠海，我扶著她的柳腰，散步回房。

打開房間的門，我用背部推回房門，早已然快速抱住了安安，兩張嘴巴已連接在一起，深深地，深吻對方，兩顆心起伏跳動，雙手都緊抱住對方……扭動。我順勢抱起她，走兩步把她放在床上……我厭在她身上，邊吻她，邊褪去兩人身上的「重裝備」，高跟鞋、鑽戒、手錶、西裝等。

這時她好像突然清醒說：「我們洗個澡吧！」是啊！我也突然清醒，今天也算「忙」一天，洗完澡舒舒服服上床才對嘛！只要我和安安在一起，我們習慣洗鴛鴦澡，好相互爲對方搓背。

浴畢，我先趴在床上看閒書，先感受觸摸這五星酒店寢具如何地高貴。一會兒，安安已端坐梳粧台前在打理些甚麼！她著一襲透明薄紗，向我的方向走來，我的兩眼貪婪地捕捉她，如貓在窺覦一隻鼠……

獵物近了，薄紗裡面的「褻衣」是我送給她一套深紅色的胸衣和精緻的內褲，除

了體香，另有一種叫「懾你」的法國香水，有淡淡的芳香味，迎面襲來。我知道這種香水是女人在與男人接觸前專用的，安安果然厲害，不，應該說她懂得生活，懂得房事情調的培養。她輕步蓮移，我伸手接引她，她舒適地躺在床上，我慢慢地，在她上面，輕吻她每個地方，音樂輕聲響起，兩個人交纏、扭動……彷彿宇宙間只有我倆存在……

她的雙峰堅挺，有彈性，實在是女人雙峰中的「極品」，我的嘴含住她的乳頭，吸、吮、把玩，手也不乖，她兩腳纏住我，發出「嗯、嗯」滿足的叫聲，再片刻，她兩腿張開，用她的「小妹妹」碰撞我的「小弟弟」，是進去的時候了。我那結實如山的陽具順勢自然就插了進去，她兩眼睜大叫聲「啊！」，把她的舌送入我嘴中，上面是兩張嘴連接，下面是流泉湧出……空氣中「懾你」的香味，懾魂啊！……

有意放慢動作，以免過早「收操」，我把陰莖抽出，用手撫摸她每一個性感帶，嘴卻情不自禁向下移動，吻她的乳、胸、肚……終於咬住「水蜜桃」，吸嚐她的「水蜜桃汁」，用舌尖吻陰核，其味甘美、清香，輕咬她的小陰唇，她不停地顫動、扭動，「嗯、嗯」的叫床聲，她已無法抵抗這種性興奮的震懾，終於把她一個翻身上來，我順勢仰躺休息，她迫不及待一口咬住陽具……

她的口交功力一等一，一下整口包納，用她的舌撫摸龜頭，一股溫熱侵襲整個陽具；一下用她丹田之氣，輕輕地，一陣陣吸，任何男人恐怕都要「噴火」了。但就在瞬間，我也丹田之氣一收，把陽具從她嘴中抽出……

換她翻身下馬，被我壓在下面，我撥開她雙腿，又插了進去，她「嗯」的叫了一聲，嘴巴貼上來，那種滿足無法形容，現在兩人緊抱在一起，不！該說纏繞在一起，在慢慢地扭動、扭動、喘息、喘息……不動了。

或許今天有些累吧！又或許我們是盡情盡性了。所以我示意安安，「就讓小弟住在裡面吧！」這是我們的「密語」，也就是讓陽具插到陰道最深處，保持不動，讓她的陰道縮收的動力，自動對陽具進行按摩愛撫，直到射精爲止。這可能只有我和安安適合的交媾，世間也可能只有安安的陰道有此「動力」，所以我說她的「妹妹」實在是世間「極品」。

此刻，我的「弟弟」正住在「妹妹」家，舒服地住著，處於不動狀態，而兩人的手、腳、口、唇、舌……所有能用的「工具」，仍在使用中，愛撫兩人身上任何一個地方。「溫柔的妹妹」熱火上升，陰道四週收縮的動力，對陽具產生收、放的愛撫，規律地收縮、壓、放，兩人進入全然忘我自然扭動狀態。

也許我們動作放慢了，安安呼吸回復正常，她「嗯、嗯」的叫聲輕輕，悠揚，只有「妹妹」縮放速度加快。今晚我不知道是她的第幾個高潮，此刻依經驗，她的高潮在十秒內到達，我也不刻意固精，就讓「小弟弟」自由解放，時刻一到，猛力一射……香港之愛的第一戰劃下完美的句點。

輕輕地愛撫她，輕吻她，她溫柔地，像一隻小綿羊，把頭埋在我懷裡。我輕聲問她：「滿意嗎？」

她竟嬌媚輕語說：「不僅滿意，而且滿足，簡直是自我實現了。」沒想到她對我們倆人房事有如此高的評價，印證她以前說過：「性是創造力之源」。我看她精神還好，想藉機補充她對男女性事的看法，乃問她：

「安安啊！妳知道中國古代有不少房事寶典嗎？中國人對性有甚麼珍貴的知識嗎？」

「知道一些，但內容了解不多，長沙馬王堆古墓出土一批。」安安答，她知道有馬王堆古墓已不錯了。

「馬王堆古墓出土的竹木簡醫書中，提到兩性交媾要注意的七損八益，是房中術的重要原則。」我說。

「願聞其詳。」安安表示要聽下去。我先解釋：「七損」，乃房事過程要避免的，很晚了，簡單說：

第一、性交時無精可匯，有傷，叫「內閉」。

第二、性交時肌肉衰竭無力，流冷汗，叫「竭」。

第三、男子無力固精，一碰就泄精，叫「泄」。

第四、交合時陽痿不舉，叫「勿」。

第五、交合時心意煩亂，氣喘噓噓，叫「煩」。

第六、女方沒有性衝動而男方強要，叫「絕」。

第七、交合時急帶圖快，濫施泄欲叫「費」。

安安聽得仔細，抿著嘴聽我說，然後她又問：「那八益又怎樣？」我也簡單說：

第一、性交前先練氣運行，習稱前戲，叫「治氣」。

第二、呑服對方津液（指接吻）可補身，叫「治沫」。

第三、交合時機要配合得好，叫「知時」。

第四、男子要能固精，才能「蓄氣」。

第五、女子淫水充沛，使交合協調，叫「和沫」。

第六、交合適可而止，不可過度，叫「積氣」。
第七、交合時留有餘地才能保元氣，叫「持盈」。
第八、交媾時男子不要過於貪歡，叫「定傾」。

我說完，安安表示都能了解，她問：「我們都合乎七損八益原則嗎？」我答說，大致遵守了。她有些想睡，把頭埋在我懷裡，我伸手關床頭燈，示意安安，好好睡一大覺……

不知不覺中，我似睡半醒，進入一個虛空中的長廊，通向遠處無限遠，感覺像自我催眠或被催眠。我整個人竟浮了起來，向那無限遠的地方飄去，速度愈來愈快，快——好像接近光速……在一處地方停下……飄到一座皇宮……有人，啊！秦王朝阿房宮。

我看四週的人，原來游公是趙高，阿義就是李斯，安安是一位公主，我是太監，這一世我和安安沒有交集。四週的人都像遊魂，飄、飄……沒有方向，我也飄，快、快……加速，向一個黑洞處飄……

又停了，我看見鄭成功死……鄭克塽宣佈台灣獨立，名「東寧王國」，啊！知道了，鄭克塽是游公。他正派人要和康熙協商討論台灣獨立的事……我看到康熙，長相怎如胡錦濤一般，我不解……和歷史圖片看的不一樣。

忽然間，光線全沒了，我在黑暗中，走、走、走……碰到安安，手牽手躺回了床上。睡、睡、睡……我醒來時已是第二天上午九點。安安早些醒來，洗完澡，坐床邊看書，看我醒來，她放下書，也躺下來，給我一個香吻，然後說：「做了一個夢。」

她說了景像、經過、人物等夢中場景，讓我大驚，竟和我的「夢遊」一模一樣，也算我們香港之愛的新發現，對自己的傳奇身世多一層理解。但安安又做另一小段夢境是我所沒有的。據安安描述，她見到觀音菩薩，觀音開示說，你們誠心修行，累積功德，成爲夫妻的願望在這世可能實現，最晚下世就是一對美滿的夫妻。

當下，我和安安雙雙跪在床上，向菩薩表達感恩之意，並期待我們共同的願望能成眞。我們口中默念「心經」。

觀自在菩薩，行深般若波羅蜜多時，照見五蘊皆空……

14 同胞情與激情　綠營同意統一談判

我和安安一夜激情後，一覺睡到第二天接近中午了。睡眠中還有奇異夢境和菩薩託夢安安，我和安安都相信這是眞的。因爲第一次會談是今天中午十二點，所以我們開始梳理整裝，同時喝些早茶。

安安希望能爲會談現場氣氛帶些溫馨柔和的感覺，她穿淺粉紅色套裝，用了一種能使人放鬆愉快的香水，戴上才買好的鑽戒和項鍊，穿上高跟鞋眞是亭亭玉立而高貴。我穿一套黑西裝，十一點二十分，安安挽著我的手腕，走出房間的門，打算先在附近逛二十分鐘。

二〇〇八年三月十七日中午，有史以來台灣綠營向中國傳達統一訊息，即將祕密的，在這間酒店的三樓「龍鳳廳」開始。依雙方事先安排、連絡、確認方法等，都已完成無誤，我和安安應該在十一點五十三分三十秒進廳，隔三分鐘，即五十六分三十秒，大陸密使進門。「龍鳳廳」是特約貴賓專用，侍者必待招喚才能進門。

我和安安在附近閒逛，十一點五十分時，我們已走到龍鳳廳前十公尺，我們只是傻傻地看著，熙熙攘攘，眼睛就釘著那門，有人去開門了。

時刻一到，我和安安進門，坐定，相視而笑，我們在等，等那不長不短的三分鐘。果然時刻一到，也準時，有一男一女，大約都中年，五十開外，男的約一八〇公分高，女的約一六五公分，同時進門。

我和安安起立相迎，四個人同時出聲：「兩位好！」然後都坐下，四眼同時碰撞在一起，微笑、尷尬……竟有二十秒鐘大家說不出話來……兩個女人不約而同地開了口：

「這一刻等得眞久啊！」

話匣子打開好說話了，大家相互介紹，那「男密使」叫沙瑪康，少數民族。「女密使」叫林愛國，竟然是台灣人，台語說得不錯。沙先生叫侍者先上菜，大家邊吃邊聊，也顯輕鬆些。按事前擬訂的見面要「確認」有三項：

第一項：國際峰火漫天，恐怖份子目前只針對美國，美國陷入全面備戰狀態，準備攻打伊朗和南美某小國，確認火不會燒到亞太地區。

第二項：解放軍備戰是必要的，防日本可能有變，或可能攻擊台灣。確認解放軍和台灣地區的國軍，都不是指向對方，國軍也不升高戰備。

第三項：確認民進黨啓動「抹黑、嫁禍」計畫，只是要拿下政權，進而和中國談統一，目前台灣獨派方面搞台獨，也確認是搞假的，李登輝和阿扁都說假的。

酒過三巡，林愛國突然說：

「國民黨裡面怎麼沒一個能上戰場打仗的，實在有些意外，他們不是標榜人才很多嗎？」

大家附和著，我和安安也不知說甚麼，只好說：「打仗嘛！有輸有贏。」

「我們這回香港密會的核心價值是甚麼？各位說來聽聽。」沙瑪康這樣問大家。

大家邊吃邊笑，停了一下，我說：「不就確認前面那三項議題嗎？除了那三項還有甚麼重要的？」

女密使林愛國好像和沙瑪康配合好了，她接下說：「有。」停一下她看大家，又說：「我們的香港密會的核心價值就叫愛，如何？大家想想，我們要統一就是不忍蒼生塗炭，愛我們的人民，愛我們的祖國，基本信念就是愛嘛！各位說是不是啊！」她再補述，三項確認就是落實愛。

她說得頭頭是道，大家頻頻點頭。安安附和說：「是啊！我們也是不忍戰火漫燒，又不知要死多少人！不忍百姓的生命財產啊！」

接著沙瑪康說他把香港談「愛」的領域，條文式的列出來，用簡單語句表達最清楚，不外是：

第一、我們愛祖國、愛台灣、愛我們的歷史文化。

第二、我們愛兩岸所有人民，不分黨派。

第三、我們愛自己的生命、財產、現金、股票等。

第四、我們愛自己的愛人和我們的生活方式。

第五、如果搞台獨、分離主義，戰火就毀了這些。

沙先生果然說得大家口服心服，尤其是「愛人、財富」把大家的心事說出來的。兩岸之愛不就同做愛一樣嗎？要有「感覺」，這種感覺正是同胞之愛。老實說不論政治人物或一般人，大家關心的不就是生命、財富、豪宅和所愛的人嗎？沙先生又補一段話說：「民進黨和國民黨要如何鬥法？大陸方面無從介入，能救自己的只有自己。」

確實，能救國民黨的，只有國民黨人自己，或泛藍那群人了，別人又能怎樣？

一頓飯吃到下午兩點，因爲後面的時間是各自向自己的上級回報，針對前面「三項確認」大家都肯定，就盡早散會，好向上級回報。並相約明天中午十二時，在原酒店原位置見面，做二度確認。

下午的時間，我和安安打算回報任務後，休息兩小時，然後泳池泡水、泡三溫，然後吃個浪漫的法國餐，眞是快樂得不得了。

晚上八點時，我和安安正浸淫在浪漫的氣氛中，窗外的大鵬灣，天空繁星點點，海面上數處燈光閃閃，想必也是許多人在輪船上享受快樂的人生。再往北看，迷迷茫茫的夜空，那裡眞的是發了，可以看到中國崛起的窗口。

正當五分酒意之勢，安安突然提到昨夜觀世音菩薩在夢中開示的情景，我便說：「這是妳千年修到的福份，可見妳不是凡胎，我就因緣不足。」

安安聽到這句話，噗哧地笑出口，她摀住小嘴說：「別亂說了，你以爲我眞是神仙啊！不過是心誠則靈，你看過出埃及記那片子嗎？大概也是。只要你誠心，可能觀世音菩薩也會來爲你說法開示，今晚要不要試試呀？」

「那怎麼可能？愛說笑。」我以爲安安在開玩笑，沒想到她正經地說：「說眞的！只要你誠心。」

「好！依妳，是眞的。」我順著她的心意答話，我一顆心有點納悶，要怎樣見？難不成打通電話菩薩就來了？安安大概看出我的心思。她說：「回房再說。」

在外面散步一陣，才九點多我就想回房間，男人嘛！還想幹甚麼？一進門，我的背部壓回房門，才關上，我的雙唇已經也貼上了安安的櫻桃小嘴，就在門口，兩人已然忘我地親吻著對方，心跳加速……

莫約兩分鐘不到，我們已進入狀況，我習慣的抱起她，走幾步，把她放在床上，俯身壓在她身上，擁吻、交纏……我正在褪去她身上的一些「重裝備」。她突然清醒似地說：「今晚不行。」

我一頭霧水，問她：「好朋友來了嗎？」

她說：「不是。」

我問：「那又怎麼了？」

她的兩顆眼睛看著我，詭異地笑，然後說：「也算是啦！也許她來，也許她不來，說是好朋友也行。」

這下我更不解了，催問她：「到底甚麼朋友？」

她才正經地說：「是觀世音菩薩啊！她不是好朋友嗎？你當她是朋友，她便是朋友，你當自己是佛便是佛，不是嗎？」

我明白了，原來她說的「好朋友」，不是我想到的「好朋友」（女人的月經）。

現在換我正經了，我抱怨著說：「當眞菩薩要來嗎？」

「當眞，但菩薩來不來自有她的考量，重要的是我們要如何去迎請，或如何做？」安安這樣說著。

「怎樣做？」我問她。安安思考一下，然後說：

「我們並不是要大做甚麼法事，今晚我們淨身、禁欲，不思任何男女之事，使意念純淨，入睡前默念心經，然後——」安安停了，我追問：「然後呢？」

「然後就睡覺啊！等菩薩來。」她這樣頑皮地說。

我心想「好吧！」就這樣試試看，心誠則靈嘛！其實我忖度著，那有這麼容易的事，既然要做就誠心去做吧！我國宋明「理學」也是如此主張，「心誠則萬事萬物皆眞，不誠則假。」

這晚我們眞的甚麼都不想，各自洗澡，禁欲，只談一些文學上的話題，或吟詩、品茗，睡前我們跪在床上默頌「心經」。之後，各自躺下睡覺，室內一片寂靜……

不知不覺中，我們好像睡著了，過了很久……我一個人……睡在一個地方，紫竹林，四週雲氣飄飄，啊！南海觀世音菩薩的道場，一道光，菩薩示現，我一驚，跪地雙手合十，不知說甚麼？菩薩卻先說話：

「我知道你心中想甚麼，你擔心台獨引起大戰，人民要承擔很多苦難，執政者不顧人民死活，心中不平。」

我沒想到菩薩也知道這些事，開口問說：「菩薩慈悲爲懷，普渡衆生，難道不能救台灣人民於水火嗎？」

菩薩答說：「台獨是台灣的一個劫難，如同二二八也是一個劫難，萬事萬物都有因果輪迴，我也不能任意改變，但劫難總是得走過，如同當年唐三藏去西天取經，必經八十一難，劫難過去必成正果。」

菩薩說的當然有理，但劫難要何時才過去？眼見統治者不斷玩弄人民，而許多人民並無自覺，例如陳水扁一直操弄「台獨、制憲」，少數人還相信，劫難豈不永無休止！我向菩薩表達這樣的疑惑。菩薩開示說：

「神不能救人，只有人才能救自己，人民不能覺悟也是自己要承擔的。至於你說的陳水扁，去年他講『四要一沒有』，這是以人民爲芻狗，他以後會付出代價，歷史上的貪官污吏和篡竊者，最後都必須自己承擔後果，因果輪迴從無例外。」

但我覺得菩薩沒有回答我的問題，我又追問：「台灣的劫難何時結束？說得更白，是兩岸何時統一？」

菩薩曲指一算，答說：「少則六、七年，多則十來年吧！劫難總會過去。中國統一很好，統一了人民才能安康，你了解中國從唐代以來進行儒、佛、道三教合一，使三教思想成爲中華文化的核心價値，中國統一合乎佛教教義，也是我佛慈悲的理想。」

「感謝菩薩開示！」但我心中仍有抱怨，現在台灣獨派執政都在騙人民，三一九槍擊案也是作弊行爲，都在騙人，我問菩薩：「類似這些作弊行爲難道算了嗎？」

菩薩又說：「不是不報，時候未到，欺騙人民的政客最後會在阿鼻地獄中付出代價，操弄統獨從中獲利者，以後也要付出更大代價，因果沒有例外，汝勿須操心。」我本要再問我和安安的事，菩薩身影卻突然消失，想必菩薩認爲已經託夢給安安，我就不必多嘴了。

菩薩消失後，我在虛空中飄飄沉沉……又升起……似乎飄了很久……落地，走、走，經過一座黑森林，看見地獄的景像……油鍋中有人哭嚎，啊！旁邊有字，寫者「欺騙者、賣國者、漢奸」，孤魂野鬼……我又走，走出森林，走、走，看見光明，我走累了，想躺下休息，一個飛碟似的圓光盤飛過來，我躺了上去，竟正是酒店的床，安安也躺在旁邊……她睡的香甜，如一朶睡蓮，我又睡了……

沉睡、沉睡，一覺竟睡到上午九點半，醒來時安安已在梳粧台前妝扮她自己了。我隱約記得昨夜的夢境，心中想著：「難道我眞的見到南海觀世音菩薩嗎？」正想著，安安過來給我一個香吻，我冷不防地拉下她，她順勢躺在床上，被我壓在下面，我正想升高「戰火」。她卻問說：

「昨晚見到觀音菩薩嗎？」

我把昨晚夢境情形說了一遍，安安說「心誠則靈吧！」而意外地，安安昨晚一覺到天亮，並未夢到菩薩，想必菩薩認爲該說的都說了。

中午，我、安安和大陸二位密使，依約在相同的地方午餐會報，針對「三項確認」做二度確認。這二十四小時以來，國際情形依然沸騰，如昨天，港台報紙大幅報導台灣藍綠鬥爭，藍營在崩潰邊緣，司法、調查、監察、行政等單位，幾乎同步配合獨派啓動的「抹黑、嫁禍」計畫，我知道官員和政客完全被魔鬼收買了。更可怕的，國安機制已再度啓動，聲稱：「爲台灣人民福祉，爲社會公義，爲國家安全，已準備要逮捕泛藍四大天王，人民才能出頭天。」早在數天前，已有五位國民黨時代勞苦功高的退役將軍，被以「賣台」罪名逮捕，未經審判就「火速」送綠島，因爲綠島無監獄，對外稱將軍們去「度假」。而高雄呢？外出無人敢講國語，市長宣稱「高雄不准用中國話」。

我憂慮著，是不是宋高宗、秦檜等一夥人投胎轉世來執政，否則為何忠良盡死於非命？關的關，殺的殺。但我想起菩薩說的「不是不報，時候未到」。算了！就由因果輪迴機制去操作吧！我扮演好角色，快捉成兩岸統一，好讓台灣劫難快走過。

既然美國和伊斯蘭戰火未燒到亞洲，解放軍巡戈台海週邊地區，兩岸有共識，非針對台灣，防日本右翼軍人盲動，亞洲也仍平靜。這二度確認就只是形式，大家閒聊喝酒、飲茶，到下午三點多才散會。

散會後，我和安安回房休息，我完成回報任務，正想和她親熱一下，她又說話了：「菩薩連續兩晚為我們開示疑惑，這是天大的功德，現在她前腳才走不久，我們就不安份了，似乎不應該。」

我問：「為何不該？」

她說：「我們應多淨身禁欲兩天，說不定菩薩在這兩天還有重要開示。」

我同意安安的看法，決定剩下的香港時間，不過一天左右，今晚我們打算逛小吃。我們先到太古廣場，這裡有各類型餐館、百貨公司、電影院等，吃完飯去看電影，晚一點去跳舞，眞是不亦樂乎！香港眞是玩的天堂。

晚上回到酒店我們都規規矩矩，十點就睡，打算早起，到中環、金鐘走走，一夜無夢，菩薩也沒來。

十九日，一大早，我們來到維多利亞公園，只是散散步，看看老人打太極拳。晚些又到灣仔大王廟，最後到中環動植物公園，時間有些趕，走馬看花，因為中午要回到酒店原地方進行第三度確認。

大約中午十一點四十分左右，我和安安已快到會談位置，我突然接到阿義給我的緊急電話，指示中午的會談增加一個美國方面密使，已經得到兩岸上司的同意，到會場他自會出示應有證件等。

我十一點五十五分進入餐廳，果然有一位老美已經在坐，隔三分鐘沙瑪康、林愛國也到，好像大家原已認識那老美，沒有感到意外。我和沙先生同聲說：「歡迎。」那老美用流利的華語說：

「我叫大衛David Huntings，我是美方國安會代表，今天是代表總統的密使，和你們一樣，身份都不能見光。」

我們正在奇怪，他國語說得眞好，他大概知道了我們的疑惑，就主動說：「我在北京住了二十年，所以國語說得不差吧！」大家都讚美，說些客套話。沒想到他採主動，直接切入主題說：

「你們在幾個月前計畫這個密會，我們的 CIA 已經得到情報，這幾天你們的會面情形我們國安會也充份掌握，但總統不放心，派我來參與，並向台灣密使表達嚴正聲明，實際上就是警告啦！」

我和沙先生重新把「三項確認」向大衛說明，兩個女人也異口同聲說：「符合一個中國原則、符合美國利益，要警告甚麼？」

美國密使用堅定的口氣說：「我們美國現在雖然有一個州受核爆之災，又損失一艘航空母艦，但我們國家的總體戰力依然強盛，依然有能力對地球上任何兩個地區同時發動攻勢作戰。只是在亞洲方面，中、美兩國都有共識，安全維護由中國方面負責，我們只是要警告台灣方面的陳水扁，叫他小心，不要惹毛了我們，他真搞台獨的話，我們是不負責的，不要天真到美國青年會到台海當兵。」老美口氣愈說愈嚴肅。

中國的林愛國搶著說：「我是台灣人，但台灣只是中國的一個省份，不叫台灣省嗎？不可能獨立的。」

我補說：「我愛台灣，也愛祖國，相信台灣現在的執政者他們搞台獨是搞假的，李登輝和陳水扁早說是假的，所以放心，不須要美國青年來台灣當兵。」

今天的兩方確認，變成了美、中、台三方確認，再度確認大選後，台灣不搞獨立，並積極進行兩岸統一的談判。大家都說明白講清楚，就放心地吃飯、喝酒，一頓飯又吃到下午兩點半。

散會前，兩岸密使各自出示一件「法寶」，即大陸方面領導人胡錦濤給陳水扁的密函，內容詳情不得而知，但略述統一後對台灣的許多好處。當然，最大的祕密是給陳水扁和一批台獨大老的好處，這可是天大的祕密。

台灣方面領導人給胡主席的密函，詳情也不得而知，不外是陳水扁如何保證不搞台獨，誠心誠意。其實我心中是存疑的，他去年才講「四要一沒有」，第一要就是要台獨。但確實他搞台獨也是假的，騙騙綠營那些流浪狗罷了，那有那些是眞的呢？搞錢嘛！搞錢才是眞的。美國國務院在二〇〇七年三月六日的報告已指出，陳水扁一家人，包括太太吳淑珍、女婿趙建銘、陳水扁自己，及全部的執政團隊，都在搞錢，眞是貪污腐敗的政府（詳見當時國內外媒體報導）。

爲甚麼台獨政權會變成貪污腐敗的政權？無他，因爲中國歷史上的分離主義都是暫時，也就是沒有明天的政權。誰抓到權力就搞錢，撈一票走人，不管人民死活，這是台獨政權的本質。但很多人是看不見的，沒感覺的，跟著政客喊「獨立出頭天」，直實是獨立死光光。針對這個問題，安安比我更清楚，她形容台灣是「篡竊之島」或「偷盜之島」，因爲「三一九槍擊案」便如此。

我和安安打算三月二十日中午回台灣，還有大約一天時間。沙先生和林小姐要當導遊，帶我、安安、老美密使共遊香港。晚上我們乘天星小輪觀賞香港全景，在海上吃「海景餐」是難忘的經驗。沿途欣賞北岸的繁榮、壯觀，入夜後，華燈初上，更覺璀璨光目，深刻感受到香港回歸後的榮景。

在中環天星碼頭上岸後，便是香港的金融心臟地帶「中環」。天星碼頭右邊有怡和大廈，圓形窗框是該大廈特色，再右是交易廣場，有濃厚的藝術氣息，香港上海滙豐銀行總行和中國銀行大廈都在這裡，也是有名的建築地標，我們選擇參觀「徐氏藝術館」，就在中銀十一樓。

第二天上午我們選擇參觀一個「小地方」，澳門的觀音堂，也許是近日我們和觀音有緣，安安也喜歡。有專人專車專程導遊就又快又方便，老美也愛來這裡，這是有歷史典故的。西元一八四四年，廣東總督耆英和美國特使在此簽訂中美間的第一個條約，即「望廈條約」。史實被刻在觀音堂花園中的一處石桌上。

觀音堂是澳門歷史最悠久，最具規模的寺廟。中午十二點我和安安已經趕到機場，打算回台灣，結束這次香港的「美中台三方密使會談」。也許有些累，我和安安在機場吃些小點心，休息片刻，下午兩點我們已上了「台航」飛機。

中午機場的電視機連番報導美國烽火漫天，軍隊全面備戰，增兵中東和南美的消息。台灣方面的消息也熱門，甫一上飛機，每個坐位上放著「自由時報」，其大小標題不外：「泛藍某天王姦殺大學生」、「女內褲和衛生紙上的精液結果出爐」、「調查局、司法監察聯合聲明：阿扁和扁嫂清廉度百分百」、「泛藍天王A走國庫金磚五十塊」、「趙建銘無罪」、「泛藍某女立委討客兄」、「綠營三朵花捐款慰問孤兒院」……

我和安安實在看不下去，只想看看天空上的白雲，安安靠在我身上時睡著了。正當我也想睡時，電視機音量突然增大，報導國際突發緊急新聞。機上旅客個個精神一驚，聚精會神地聽，我和安安也睡不著，仔細聽：

「美國空軍一號被擊落，所幸總統不在機上……國防部長被綁架，生死不明……美軍揮師伊朗，長程轟炸機開始轟炸哈瓦那……」

「恐怖組織揚言再度在美國本土引爆核武……」

「台灣武裝部隊升高戰備等級……」

聽到這裡，電視機畫面突然出現亂影，大概收視不良，隨後關機了，也好讓我們休息吧！但對台灣軍隊升高戰備等級，我和安安都很擔心，因爲依照密使會談的三項確認，台灣軍隊保持原態勢，不升高戰備等級。現在會談才結，人未回到台灣就變了，後面會怎樣呢？

飛機快落地時，安安問我要不要去佛光山住幾天，我說：「好啊！」安安接口說：「誰當選都無法改變中國大歷史的走向，何必操心！」

我答：「是啊！何必操心。」

安安又說：「我們乾脆就住佛光山好了，不要下山了。」

「……」我想著住那裡才好呢？

15 南部之旅　南台獨立

二〇〇八年三月台灣的大選，綠營啓動「抹黑、嫁禍」奇謀，果然有效，綠營再度以百分之五十五選票拿下大位。但根據民調顯示，有八成人民認爲當選的「合法性」存疑，也就是「手腳不乾淨」。所以，從大選以後，台灣島陷入長期示威遊行、對立、各種攻擊事件層出不窮，社會燒殺盜搶掠偷……台灣，如一鍋燒得爍燙的水，火勢燎原、熾盛……

在國際上，火燒得更旺。四月，美國和以色列的軍隊，約五十萬大軍以上，全面進攻伊朗，引起伊斯蘭世界的恐懼，已組成回教聯合部隊對抗美以軍隊，幾個月了，戰爭膠著中……

在美國的後門，美國懷疑古巴、委內瑞拉和玻利維亞，暗中支持回教世界，更痛恨他們組成「良善軸心」，視美國爲「邪惡帝國」，美國空軍對該三國進行空中轟炸，起初美國只想進行「懲罰」戰爭，現在卻膠著了。

墨西哥，那裡是美國的對手，但有大約二十個台灣大的土地被美國人無端搶走，他們想收回失土。美墨戰爭在三月間爆發，至今五個月了……

而美國本土，分離主義死灰復燃，「南方共和國」、「南方獨立」、「德州共和國」、「夏威夷獨立」，呼聲高漲。尤其南部獨立問題，已組成「南方軍隊聯盟」，似已成「氣候」。

在俄羅斯，因車臣獨立，五月間，俄國大軍入車臣鎮壓，目前……可想而知了。

二〇〇八年，國內外都是烽火漫天，燒、燒、燒，叢林據說有時要以大火「洗禮」，才能使「林相」更優美，土壤更肥沃，以育森林中的衆生……??

台灣的三月大選後，雖然也出現一個「作弊總統」，但他仍是一個大頭目。儘管有連續半年以上的大規模反政府示威，都被軍警鎮壓下來，同時在八月間又宣佈台灣進入「柔性戒嚴時期」狀態，此期間：

司法院、法務部、調查局、檢察總長等，多次宣稱，綠營當選合法，手腳乾淨。倒是藍營四大天王A走國家數百億，才是罪人，才不乾淨。

司法院院長代表全國「正義連線」發言：阿扁執政八年，他和他的家族沒有A走國家一毛錢，清廉程度超過蔣經國，道德標準與孔孟平齊。

檢察總長對媒體指稱：泛藍候選人姦殺台大女生事件，目前法律程序仍未走完，但按推理本案罪證確實。

立法院院長則說，大家相忍爲國，和爲貴……

六月時，綠營大頭目（八成人民認爲非法的總統）宣稱，現在「去中國化」、「去蔣中正化」有成，下一步國軍也要正名成「福爾摩沙人民軍」，陸軍官校改名「台灣軍校」。這項正名早先得到國防部長和十餘高階將領支持，由部隊官兵聯名向中央「陳情」，表達正名的期待。但有更多的將領及各階官兵，都沒有表示任何意見，也許不敢有意見吧！或者黃埔精神威力仍在。

正當大家吵翻天之際，中研院三位有良心的地質學家，在國內最權威的科學雜誌發表研究報告，謂南部地層下陷嚴重，最快可能幾十年內只剩壽山露出海平面。可惜政治人物無人理會，因爲水土保持經費都拿去搞台獨了，或政客A走，準備落跑，那管地要沈了。

這是台灣在二〇〇八年大選後的景象，其中最驚人的畫面是「遷都高雄」之舉，從六月起，綠營訂出一年計畫，先遷移所有國營事業，再遷各院、部、會等。這種動機緣於綠營在北部長期不受歡迎，北部人民九成認爲二〇〇四的「三一九」和二〇〇八大選，綠營手腳都不乾淨，甚至有某報女記者訪問綠營大頭目說：「大家都認爲你取位不乾淨，你們認爲呢？」那些綠營人馬怎忍下這口氣？

更有甚者，考試院、監察院、司法院、檢察總長等首長，聯名向大頭目陳情表達對遷都的高度認同。國家安全會議也向大頭目提出一份報告，謂「遷都高雄合乎台灣地緣戰略安全需要」，洋洋萬言大觀。

爲了以上那些問題，台灣內部眞是 High 翻天。每個家庭、父子、母女、朋友、社團、基金會、學校、教會、宗教或政治團體，乃至老人院、慈善團體……很多全撕裂了。我太太現在是「水噹噹」的義工，她們每天到街頭宣傳，台灣獨立後，五年內國民所得可以衝到五萬美元，台灣可以成爲東方瑞士，兒女讀大學全免費。

年底，我和安安到高雄參加「南北平衡發展學術座談會」，阿義給我所要名額，我約了燕京山等一票死黨也帶著自己的心肝情人參加。阿義叫我們學術界壯聲勢嘛！何況住在澄清湖畔最美的五星級飯店，吃香喝辣全免，當然和好友分享。到南台灣「玩」一個禮拜，管他藍綠，眞是快活啊！

事前，阿義說大頭目也要南下主持會議，但只露臉一下下，其他的時間他和綠營三朶花最美的一朶，也是一個女立委就「廝守」在湖邊的一個行宮中。嘿咻！嘿咻！快樂啊！也該散心啦！身爲大頭目，在北部天天被罵成「作弊總統」，氣啊！這種氣只有溫柔鄉能消釋，大內的極機密不小心走了風聲說：那女立委的床上工夫了得，大頭目簡直滿意極了。阿義一再提醒，這可是「國家安全機密」，絕不能傳出去，更絕不能傳到第一夫人耳裡。否則，要你們項上人頭……

十二月廿五日，是一個重要的節日慶典，但台灣沒有共識，各族群陣營依自己所要和想像，賦予這個節日特殊意義，台灣的撕裂由此可見。

也無所謂，本來就是各取所需嘛！汪汪、蔡麗美、安安我們，眞是不亦樂乎！快樂得不得了。我們這夥人，吃完晚餐卻只想在湖邊散步，稍晚回飯店的小包廂唱歌喝酒。十點多各人帶著幾分酒意，挽著情人回房休息。

我和安安洗完鴛鴦澡，才在床上鴛鴦戲水好一陣，正進入狀況在鴛鴦交頸中。安安忽感遠處有「轟轟」聲，愈來愈大聲，漸漸地我也聽見。不久，我知道了，是坦克聲音，而且不止幾輛，根本是「坦克群」。飯店驚慌了，旅客爭相詢問都沒答案，不久飯店廣播，要大家不要驚慌，原地不要亂跑，安全無顧慮。

汪汪他們都到我房間來，稍後我們從電視上（這是一家率先南遷的電視台）得知，南部四縣市（屏東、高雄、台南、嘉義）已宣佈獨立「南台共和國」，台東和雲林考慮中，共和國臨時大總統正是一度高唱本土的汪姓媒體名嘴。街上的坦克、大砲和若干軍隊（數量不詳），有一少校軍官對外發言，宣稱南部實施軍管，支持「南台共和國」，但八軍團司令已發佈他們抗命，要受軍法制裁。

電視播報，軍隊已包圍大頭目的行宮，聲言大頭目不該回台北，應直接坐鎮高雄首都。同時命令軍隊「北伐」，揮師台北，支持獨立等。若大頭目執意要回台北，則汪某就正式任南台共和國總統。

安安、我和汪汪都認爲這個鬧劇可能一天就結束了，反正現在那裡也去不成，不如各自回房睡覺算了。大家說也是，各自回房，但這晚大家都睡得不安心。

第二天大早，我們再看新聞，各家都在報導，但大頭目是否被軟禁，外界均不得而知，北部和南部軍隊都開出來，支持和反對南台共和國軍隊一時也分不清，情勢很詭異。後來我們又聽南部地下電台，許多南部百姓抬著「三太子」、「王母娘娘」、「元始天尊」、「玄天上帝」，還有不知名的神像，南部三十六陣頭、八家將等上街，稱「九龍在南、南部出皇帝」，南部要獨立，國名就是「南台大帝國」，皇帝由神明欽點，任期十年，擁護汪某人爲第一任皇帝，每十年再由神明欽點輪替，以示民主。

我們仔細看那位帶領神明遊行及發言的人，不就是以前聽過那位「台灣義勇軍」，叫甚麼司令的王土木將軍嗎？據說是國安會在南部的重要「組頭」，不知現在爲何也搞起南部獨立？

幸好，南部雖軍管，一般百姓交通不受影響，只要不帶槍械都能通行。第二天，二十六日下午，我和安安等一行人，也不想度假了，打道回台北，沿路軍警已封鎖重要道路，人車都檢查後才放行，回到台北已經深夜了。

第二天晨，我急著看新聞，各大報斗大的標題，南部爆發「獨立戰爭」，有的報紙則刊出「第八軍團與叛軍激戰」。天啊！「叛軍」指那一方面的軍隊？

到上午再看新聞，電視播報，第八軍團主力奉令保護大頭目安全，十軍團以一部兵力增援八軍團圍剿叛軍。

更有的報紙寫大頭目被綁架，家人也已被控制，台北、桃園地區滿街是軍隊。我綜合報紙、電視和地下電台，都理不出頭緒來，唯一肯定的，南部國軍與叛軍還在打。

十二月二十九日大早，各大報頭條新聞出現，我整理出當前的基本態勢如下：

第一、大頭目釋出大利多，各方滿意，大頭目安全回到台北主持政務。

第二、支持「南台共和國」成立，同意澎湖獨立，尊重金馬地區人民選擇，歸中國或台灣由民調決定。

第三、支持汪某任「南台共和國」第一任大統領，採帝制或共和，由南部人民自決。

第四、中華民國、南台共和國及金馬澎湖，期於最短時間內共組代表團與中國談整合問題。

第五、政務及各項有關人民權益活動，都回歸正常。

如此，只能免於爆發內戰，被撕裂的各陣營、組織、區塊、聯盟、自救會、黨派等，所爆發的衝突、流血、革命、造反、黑社會乘掠奪、投機者造勢及各類殺人、放火、報仇、對決或姦殺婦女後棄屍等事件，使警察疲於奔命，戒嚴軍管只是表象穩定。

或許執政者知道，台灣經不起動亂，「聖誕節」的第二天副大頭目立刻組成「臨時執政委員會」，由立法院長、在野各黨主席、國安會、國政顧問團代表等共同組成。一方面與南部叛軍談判營救大頭目，同時派出一個祕密代表團到中國，報告島內動亂很快可以敉平，統一談判可以如期舉行。因此，中國軍隊只在台灣週邊警戒，嚴防美日軍隊介入。

島內的對峙持續下去，呈現「恐怖平衡」狀態，別的不說，光是「國軍部隊」這塊，目前分解成很多「小塊」：

最大一塊：仍支持中央，但有條件，不獨。

很大一塊：立即配合中國王師，完成統一使命。

很小一塊：支持獨派中央，搞台獨。

南部小塊：支持南台共和國。

澎湖小塊：支持澎湖獨立。

金馬小塊：回歸中國，轉型成民兵。

國軍除了分裂成以上的小區塊外，其他仍有變數，例如中部地區的幾個縣市長發表聯合聲明，如果執政者搞台獨，將脫離中央，與中國尋求統一途徑。中部地區的軍隊（官兵很多住中部）也可能脫離中央，不受國防部節制。

最奇怪的是「陸軍官校」，現在改名「台灣軍校」，但絕大多數師生的「黃埔精神」仍在，在校內仍高掛「陸軍官校」和蔣公銅像，大門口則高掛「台灣軍校」。另有少數聲音主張，乾脆叫「鳳山軍校」，但南台共和國臨時總統認爲，軍校是南台資產，該正名爲「南台軍校」才對。反正啊！現在眞是亂啊！

二〇〇九年元月一日，宗教界不忍台灣四分五裂亂下去，辦了一場祈福法會，我和安安都參加了，儀式如期完成，但私底下我和混原法師、行雲大師、空靈長老、來如仁波切、泰法道人、達賴等人都會過面。諸山大德認爲台灣劫數難逃，大的亂局可能還在後面，有的乾脆說「亂邦不居」，走爲上策，能走快走吧！台灣的情形，神也救不了。

我一顆心七上八下，毛毛的，不知如何是好！又使不上力。有一件事還眞絕，這個祈福法會不光是宗教界，還有各界代表，有頭有臉的「天王級」如中華民國在北台灣的大頭目、南台共和國臨時總統、澎湖最高人民代表、金馬人民代表、各黨主席等。法會時共同宣讀一份叫「民之所欲常在我心」的文件，但有甚麼用呢？散會後，軍隊對峙、黨派族群撕裂、暴力衝突等，更加嚴重了，各陣營磨刀霍霍，隨時擺出要開戰的姿態。

亂吧！亂下去，誰是正？誰是反？誰是國軍？誰是叛軍？早已分不清界限了。法會結束第三天，南台又變天，前高雄市議長陳某，率領數百支持者包圍「臨時總統府」，聲稱汪某只是一個「名嘴」，有甚麼資格當「臨時總統」，也沒有代表性。於是那夜，汪某「私奔」逃離，前議長接任臨時總統，第二天雙方支持者爆發大規模流血衝突，第八軍團司令李愛國宣佈接管南台地方政權，等南台共和國總統選出，再還政於民，以免地方秩序失控。

而中華民國在北台灣呢？自從大頭目「脫險」歸來，他很少露臉，講話也低調。

國安局、軍情局和調查局聯手調查本案，都沒有任何結果。但有一種風聲傳出，是洪門、青幫幹的，我是存疑的，他們還知道民族精神嗎？還記得孫中山喚醒洪門和青幫的英靈嗎？宗旨何在？

這些年來，寶島沉淪、裂解。遊行——示威——衝突——政客嘴臉——貪官——自殺——女人被姦殺棄屍——路人夜間被殺——白天搶劫——銀行倒閉——企業老闆落跑——窮人愈窮——南台獨立——獨立——……劫數？台灣人民自我毀滅？

文化界的那些作家、詩人、藝術家或畫家等，該是最清純的一口「清水湖」吧！或者娛樂圈那些歌手、藝人或搞音樂的，也該是最溫和的一塊吧！才不！支持台獨和反台獨的相互指控叫罵，以筆爲槍的廝殺；還有支持南台和反南台的，用筆用嘴殺得不爽，上街暴力相向，這是文化圈和娛樂圈。

長老教會更絕，參加祈福法會說：「民之所欲，常在我心」，追求「愛與和平」決心不變。會後一個有代表性且常私會大頭目的「第一長老」，對媒體說：

「第一家庭爲台獨努力，貪一點錢是合乎正義的，因爲也是用在追求台獨。如果發展核武可以達成台獨，那麼，發展核武也是正義的，願上帝賜福給台灣人民。」

是啊！人性獸化了，上帝會賜福給台灣人民嗎？祈福法會後不久，觀音菩薩有一天夜裡託夢安安說：「亂邦不居，居亂邦對和平沒有貢獻，快去中國，那裡有藥方。」

安安馬上告訴我，菩薩開示的「藥方」。啊！亂邦不居，到底是因果輪迴，劫數難逃，還是人民自做自受？這不叫做「民主政治」嗎？

16 統一談判 北京陽光 普陀山行

二〇〇九年又將要過了，這世局如何呢？放心，地球還不會毀滅，科學家說：本世紀末，地球上人口會死掉六十億，只剩五億，那也是很久以後的事。何況，台灣島再亂也不會沉入海底，鬥到七解八裂，人也不會死光光。但世界亂到這年年底，現在怎樣了，看到希望了嗎？

首先，國際方面，美以入侵伊朗戰爭進入另一個高潮，美軍動員六十萬大軍，但死亡的美軍已增加到五萬人，傷約十萬。而伊斯蘭世界的諸國百萬聯軍，部署在庫姆（Qum）、哈馬丹（Hamadai）、伊斯法罕（Isfahan）和德黑蘭北方的裏海沿岸，準備大決戰。

美國境內，恐怖攻擊無日不有，市場、學校、辦公大樓等，天天爆炸，反戰示威天天沸騰。另外，美墨戰爭，美國對古巴、委內瑞拉、玻利維亞的戰爭還在持續中，各方都沒有突破性進展。聯合國已被美國宣佈「廢除」，形同解散，國際徹底回到「叢林時代」。佛蒙特州（Vermont）因不滿帝國腐化，窮兵黷武，已宣佈脫離美國聯邦，

「佛蒙特共和國」早在一九〇九年七月已經誕生，美國可能全面瓦解。

歐洲各國隔岸觀火，英國史無前例地不跟隨美國，英國人民普遍認爲美國是威脅世界和平的元兇，是帝國主義者，英國子民不能無厘頭地跟著美國去當殺人兇手。

在亞洲，印巴衝突升高，中國正居中協調。南北韓統一談判正在進行，中東戰火可能擴大，回教眞主黨發動一連串對以色列的自殺攻擊，以色列揚言動用核武。週邊的回教國家正在商討對以國發動毀滅性戰爭，先下手爲強，永遠解決後患問題。

此時的中國如何？說眞格的，這眞是千年難得的「削魏強齊」之機會啊！所以只要穩住亞太、台海地區，當好亞洲盟主就行了。

台灣島內鬥爭持續著，各大山頭林立，沒有妥協空間。南台共和國總統一直無法產生，現在的「南台臨時總統」由原高雄市長叫「さくら」的女人當，據說黨外時期就是大頭目的情婦。而中華民國在北台灣可能快到「拉下鐵門」，結束營業了，因爲近四個月來，有三個部長級的官向中國大陸申請政治庇護，監察院長和國安會祕書長也躲在大陸不回來了。工商企業界更別提了，能跑的都跑光了，第一目標是中國。

最離譜的是台灣的海空軍，許多因不滿「去蔣中正化」、「去孫中山化」，空軍有二個中隊，海軍有四艘軍艦，都去中國投靠了，他們希望王師來平亂。當然，海空軍還有充足戰力在台灣，但也裂成好幾塊，南台、北台、澎湖各有一大塊。

台灣內部的動亂裂解成這個樣子，中國王師爲何尚未有具體平亂的行動？原因可能有三，一者奧運結束正在復原，再者由台灣、澎湖和金馬合組成的「回歸統一談判代表團」，早已在大陸和國台辦有多次會議，商討統一進程和各種可以接受的條件。最後是中國希望和平統一，不要動用軍隊，畢竟大家都是炎黃子孫，也給國際一個好印象，表示中國人是愛好和平的，不同於美利堅民族的侵略性。

二〇〇九年十二月二十五日，又是一個聖誕節，北京雖冷寒乾燥，至少陽光仍覺暖和。我和安安已到北京好幾天了，這回是公開，住中國大飯店，我和安安是應北京大學之邀擔任客座教授，我自己同時也擔任「回歸統一談判代表團」的顧問。時間很充裕，我們會在北京待些時日。到北京的第二個晚上，我和安安受國務院之邀，原來是表揚。

初到的幾天，我和安安同遊了天壇公園、圓明園、碧雲寺、十三陵、周口店等地方。遊玩時，我問安安，國務院的表揚合宜嗎？安安表示我們該有的，很合宜。

統一談判方面（主要談統一方式、進程和台灣人民獲利等），不須要我直接參與。但對於統一後所能獲得之利，代表團成員和顧問們早已列出「清單」，以此內容來說服台灣人民。利分有形和無形，總的來說，是百利而無一害，就不須詳述。光是花在軍費，台灣一年可省九千億台幣，身爲中國人何等光榮，走遍全球有邦誼。只是很多台灣人眼睛「塞」夠咧！

年底，安安和我早已約定，她把部份財產讓給妹妹，把老公也讓給妹妹，其餘財產加上我的（其實半數是不義之財），共約八千萬元，成立「台灣獨害孤兒救難基金會」，也全權由她妹妹安明主持。

我和安安將如何呢？我們已準備好，打算明年五月到普陀山修行。以後有很多精彩的奇緣和奇遇，時機成熟我會慢慢寫出來，以饗讀者。

幾個月後，在前往普陀山的一路上，媒體連番報導美伊、美墨、美古和伊斯蘭陣營的大反攻……美國境內核電廠爆炸……國防部長座機爆炸……又兩艘航空母艦爆炸沉沒……美國全國大恐慌……而德州共和國可能也已獨立。

而台灣方面呢？南台共和國（部份人主張改「南台解放組織」）爆發內戰，一個叫甚麼「菊」的女性領導人策動種族清先，誓言「清洗」南台境內的「中國人」，才三天不到，死傷高達五萬人。另有一批自稱「中部共和軍」的軍隊，應是原第十軍團，準備南進鎮壓，其先頭部隊被南台部隊（應是原第八軍團）阻於朴子溪一帶，南北兩軍可能對峙中，南台之戰一觸即發……

中華民國在北台灣呢？報上斗大的字寫著，獨派四大天王之中，呂姓女領導人（主張台灣成美國一州）被爆料討客兄，游姓主席精神病已被「強制」送進精神病院治療，謝姓派系領導人（傾向中國，主張兩岸共生）被控貪污十億。而統派兩大天王，一個還在纏訟「姦殺台大女生事件」，一個機會主義者被控貪污……啊！那個機制啓動了。

另一個也是很大的消息，大頭目和三個心肝寶貝玩「四P遊戲」，被針孔攝影爆光了，壓寨夫人一怒下跳樓自殺，社會各界爲此 High 翻天……

我和安安愈看（聽）愈沉重，但我們決心不變，決心到普陀山找觀世音菩薩，她一定有答案，她一定能救台灣人民。

我和安安到普陀山修行，大約半年多後，在菩薩的開示下重回台灣，竟然就是二〇七九年，人間竟過了七十年。奇緣啊！二〇七九年的台灣、兩岸及世局如何？我正準備開始寫出來，讀者拭目以待。

本書作者重要著編作品及購買方法

編號	書名	出版者	定價	備註（性質）
1	國家安全與情治機關的弔詭	幼獅	200	軍訓國防通識參考書
2	決戰閏八月：中共武力犯台研究	大人物	250	國防、軍事、戰略
3	防衛大台灣：台海安全與三軍戰略大佈局	大人物	350	國防、軍事、戰略
4	非常傳銷學（與范揚松合著）	大人物	250	直銷教材
5	孫子實戰經驗研究：孫武怎樣親自險證「十三篇」	黎明	290	孫子兵法研究
6	解開兩岸 10 大弔詭	黎明	280	兩岸關係
7	大陸政策與兩岸關係	黎明	290	（同上）
8	從地獄歸來：愛倫坡（Edgar Allan poe）小說選	慧明	200	翻譯小說
9	尋找一座山：陳福成創作集	慧明	260	現代詩
10	軍事研究概論（與洪松輝等合著）	全華	250	軍訓國防通識參考書
11	國防通識（高中、職一二年級共四冊）學生課本	龍騰	時價	部頒教科書
12	國防通識（高中、職一二年級共四冊）教師用書	龍騰	時價	部頒教科書
13	五十不惑：一個軍校生的半生塵影	時英出版社	300	我的前傳
14	國家安全與戰略關係	時英出版社	300	國安、戰略、研究
15	中國學四部曲 首部曲：中國歷代戰爭新詮	時英出版社	350	戰爭研究
16	中國學四部曲 二部曲：中國政治思想新詮	時英出版社	400	政治思想研究
17	中國學四部曲 三部曲：中國四大兵法家新詮（孫子、吳起、孫臏、孔明）	時英出版社	350	兵法研究
18	中國學四部曲 四部曲：中國近代黨派發展研究新詮	時英出版社	350	政治、黨派研究
19	春秋記實：台灣地區獨派執政的觀察與批判	時英出版社	250	現代詩、政治批判
20	歷史上的三把利刃：部落主義、種族主義、民族主義	時英出版社	250	歷史、人類、學術
21	國家安全論壇（軍訓、國防、通識參考書）	時英出版社	350	國安、民族主義
22	性情世界：陳福成情詩選	時英出版社	300	現代詩、情話
23	新領導與管理實錄（金像獎得獎作品）	時英出版社	時價	特殊環境領導管理
24	春秋圖鑑：回頭看中國百年史（千張圖解）	文史哲出版社	時價	春秋、正義
25	春秋正記	文史哲出版社	時價	春秋、正義、學術
26	頓悟學習	文史哲出版社	時價	人生、頓悟、學習
27	公主與王子的夢幻	文史哲出版社	時價	書簡、小品、啓蒙
28	男人與女人的情話、眞話和眞理	文史哲出版社	時價	兩性、經營、小品
29	奇謀迷情與輪迴：被詛咒的島嶼㈠	文史哲出版社	時價	政治、奇謀、言情小說
30	奇謀迷情與輪迴：被詛咒的島嶼㈡	文史哲出版社	時價	出世、入世、奇緣小說
31	我的永恆名片：自我實現的歷程——向您行銷我的生生世世	文史哲出版社	時價	本書作者和作品簡介，人生、啓蒙、自我實現

註：以上編號 1～22 已全部出版完畢，其他也將在近年出版，敬請期待

購買方法：

方法 1.全國各書店
方法 2.各出版社
方法 3.郵局劃撥帳號：22590266　戶名：鄭聯臺
方法 4.電腦鍵入關鍵字：博客來網路書店→時英出版社
方法 5.時英出版社　電話：（02）2363-7348　（02）2363-4803
地址：台北市新生南路 3 段 88 號 3 樓之 1
方法 6.Http://CFQ.intaichung.com.tw
方法 7.Http://goods.ruten.com.tw/item/show? 11061118078475
方法 8.文史哲出版社：（02）2351-1028　郵政劃撥：16180175
地址：100 台北市羅斯福路 1 段 72 巷 4 號